오리지널리티를 찾아서

나만의 유일한 삶의 가치를
발견하는 시간

오리지널리티를 찾아서

나만의 **유일한 삶의 가치를**
발견하는 시간

For Originality

김훈철 · 김선식 지음

다산4.0

깊고도 어두운 내 안에서 나에게 묻고 또 물어보세요.

'지금 살고 있는 삶이
진정으로 내가 원하는 삶인가?'

그리고 그 질문 속에서 나만의 가치를 발견할 때,

당신은 유일하고 영속적인
행복을 얻을 수 있습니다.

나를 살리는 생명의 주문,
오리지널리티!

사람마다 갖고 있는 독특한 기질은 어디에서 생겨난 것일까요? 인간은 각자 자기 자신만의 모습을 하고 이 세상에 태어나 각자의 길을 걸어갑니다. 그렇기에 사람마다 궁극적인 삶의 목적도 전부 다릅니다. 삶의 목적이 다르기 때문에 삶의 여정이 다르고, 궁극적인 도달점에서의 모습도 다릅니다. 그런데 사람은 서로 다른 모습으로 출발하지만, 생의 도착점은 단 하나로 귀결됩니다. 바로 '죽음'입니다.

사람들은 세상을 '고통의 바다'라고 이야기합니다. 즉, 우리는 인생이라는 고해(苦海) 속에서 살고 있습니다. 그러면 당신은 실제로 그 바다를 본 적이 있나요? 인생이라는 고해, 그 바다의 풍경을 보기 위해서는 일단 바다 바깥으로 나와야 합니다. 수면을 박차고 날아오르는 날치처럼, 수면 위로 떠올라야만 볼 수 있습니다. 어떻게 하면 우리도 '우물 안 개구리' 틀에서 뛰쳐나와 자신만의 지평(地平)을 넓힐 수 있을까요? 지평을 넓힌다는 것은 삶을 지평선처럼 넓게 본다는 의미입니다. 지평선은 끝이 없습니다. 아득하고 막막합니다.

우리들도 날치처럼 내적 변화의 힘으로 수면 위를 뛰어오를 수 있습니다. 날치가 날아오르기 위해 장을 비우듯이, 우리의 마음을 비우고 세상을 똑바로 보고, 스스로 진정한 자유의 길을 찾아 나서면 얼마든지 가능합니다.

내 뜻대로, 내 멋대로 사는 것이 우리 모두의 소원이지만 이것만큼 어려운 일이 없습니다. 내가 원하는 대로 산다는 건 이기적으로 산다는 뜻이 아닙니다. 당신은 자기가 좋아하는 대로, 한 번이라도 내 멋대로 살아본 적이 있나요? 내 마음대로 살면서도 멋지게 사는 일은 더욱 어렵습니다.

하지만 내 멋대로 살면 '자기만의 길'을 갈 수 있는 틈이 생깁니다. 그 틈에서 새어 나오는 에너지, 내 삶을 온전히 내가 원하는 대로 살게 하는 힘, 그것이 바로 나의 '오리지널리티'입니다.

내 인생의 비밀을 밝히는 중심에 오리지널리티가 있습니다. 우리는 자신만의 오리지널리티를 찾음으로써 내가 가진 역량을 최고조로 발휘하는 사람이 될 수 있습니다. 세상의 진리는 '내가 나를 만드는 것'입니다. 우리가 자신만의 길을 찾고자 노력한다면, 그 길이 누구에게나 늘 열려 있음을 알게 될 것입니다.

사실 이 진리는 태초부터 존재했습니다. 그리고 이 비

밀을 풀어낸 사람은 수없이 많습니다. 예수는 스스로를 '알파와 오메가(창조자이며 완성자)'라고 했습니다. 석가모니는 태어나자마자 '천상천하 유아독존(天上天下唯我獨尊, 우주 가운데 자기보다 더 존귀한 이는 없음)'이라고 말했습니다. 즉, 스스로 '자신을 만든 것'입니다.

성인이나 성자는 모두 자신의 오리지널리티를 발견한 사람입니다. 예수나 석가모니는 '깨달은 사람'입니다. 생의 비밀을 풀어낸 사람들입니다. 깨달은 사람들은 그렇지 못한 사람들에게 자신이 찾은 생의 비밀을 가르치려고 합니다. 그들은 인간 모두에게 자신의 거울을 보여주려고 하신 분입니다.

현재의 삶은 단지 주어진 것이 아니라, 내 마음이 지배하고 있는 것입니다. 나의 미래는 기다리면 그저 오는 것이 아니라, 나 스스로 창조하는 것입니다. 내 손안에 세상이 있고, 우리는 세상을 스스로 만들어야 합니다. 내가 만드는 삶, 그 삶을 이끄는 존재는 대체 무엇일까요? 그 주인공은 바로 '오리지널리티'입니다.

도덕경의 첫 구절은 '도가도비상도(道可道非常道, 말로 표현할 수 있는 도는 영원불멸의 도가 아니다)'입니다. 오리지널리티를 찾은 사람, 즉 깨달은 사람은 깨달음을 말로 표현할 수 없다는 걸 잘 알고 있습니다. 그 경지를 이야기하는 순간, 티끌이 끼기 때문입니다.

그래서 깨달음의 비밀은 마음으로 통(通)해야 알 수 있습니다. 내 마음이 통하지 않는 한 깨달음은 없습니다. 여러분은 자신의 마음을 투명하게 보아야 합니다. 마음이란 생각이 나의 존재 곳곳에 퍼져 있는 상태를 말합니다. 생각은 나의 마지막 실핏줄 끝자락까지 맞닿아 있습니다. 마음은 나의 온 정신을 지배합니다. 그 마음의 핵심이 나의 '생각'입니다.

이 생각의 비밀은 '나'의 오리지널리티를 찾는 데에 도움을 줍니다. 생각은 삶의 통찰력입니다. 이는 우리 인간이 가진 고유한 능력입니다. 그리고 생각은 인간과 자연, 더 나아가 우주를 통하게 하는 유일한 길입니다. 결국 인간과 자연, 우주를 통하게 하는 생각이 나의 오리지널리티를 찾게 해줍니다.

이 책은 자기계발서가 아니라 '자기발견서'입니다. 진정한 나의 길(道)을 발견하기 위한 지침서입니다. 자아실현을 위한 기초 인문학입니다. 오리지널리티는 스스로 자신을 찾는 행위입니다. 단, 우리들 자신의 마음이 가난하지 않으면 자기 발견은 어렵습니다. 마음이 가난하면 눈이 맑아져 세상을 있는 그대로 볼 수 있기에, 나 자신도 그대로 볼 수 있습니다. 이것이 바로 최초의 자기 발견입니다.

나의 오리지널리티에 적합하지 않은 타인의 자기계발서는 나에게 아무런 의미가 없고, 참고 사항에 지나지 않습니다. 단지 흉내 내기일 뿐이지요. 흉내 내기는 진정으로 나를 살릴 수 없습니다. 나 자신을 발견하는 일은 누구나 할 수 있습니다. 각자마다 오리지널리티가 자기 안에 숨어 있기 때문입니다.

먼저 당신의 마음에 지금 당장 나의 오리지널리티를 찾겠다는 내적 변화가 일어난다면, 오리지널리티를 찾는 여정은 이미 시작된 것입니다. 누구의 인생이든 생의 궁극적인 목표는 동일합니다. 자신의 오리지널리티를 발견하고, 살아 있다는 생의 기쁨을 매 순간 누리는 것입니다. 그래서 당신도 나만의 행복한 삶을 살기 위해 반드시 자신만의 오리지널리티를 찾아야 합니다.

오리지널리티!

이것은 당신을 살리는 생명의 주문이며 에너지입니다.

2016년 1월

김훈철 · 김선식

차   례

⚜ 제1장 [자각]

진정한 '나다움'을 찾아서

🌱 제2장 [무의식]

자아실현의 비밀을 찾아 떠나는 여행

🌱 제3장 [정체성]

내 안의 나에게 질문하는 시간

🌿 제6장 [성취]

오리지널리티를 영원히 지속시키는 힘

- 오리지널리티는 자아실현을 이루는 원동력이다!

For
Originality

제**1**장

...

[자 각]

진정한 '나다움'을 찾아서

01

이 세상에
나는 단 하나다

세상에 존재하는 '나'는 한 명이지, 두 명일 리가 없습니다. 설사 일란성 쌍둥이일지라도, 그들 역시 각각 다른 하나로 존재합니다. 그러나 우리는 실제로 살아가면서 '나'라는 존재가 단 하나밖에 없다는 사실을 의식하지 않습니다. 내가 하나라는 사실을 제대로 인식하면, 우리는 나에 대한 소중함을 스스로 깨닫습니다.

'나'라는 존재는 '하나'이기에 항상 외로움을 느낍니다. 내가 하나라고 의식한 순간에 인간은 고독에 빠집니다. 당신도 고독에 빠진 적이 있을 것입니다. 만일 아직까지 깊은 고독에 빠진 적이 없다면, 내가 하나라는 의식을 가지고 있지 않기 때문입니다. 이는 매우 슬픈 일입니다. 왜냐하면 인간은 고독 속에서 무엇인가를 이루어낼 수 있는 존재이기 때문입니다.

고독은 인간 본연의 원초성을 상징합니다. 마음이 찡하고, 눈물이 나고, 떨어지는 낙엽을 하염없이 보고, 밤거리를 헤매고, 비를 흠뻑 맞으며 고독함을 뼈저리게 느껴본 사람이라면 나라는 존재의 소중함을 알게 될 것입니다. 절대 고독에 다다르면, 내가 소중하다는 느낌을 강하게 받습니다. 예수도 그랬고 석가모니도 그랬습니다.

고독은 우리가 가진 본래의 마음입니다. 내가 이 세상에 홀로 내던져진 존재임을 알고, 그렇게 홀로 내던져진 존재들이 생명의 그물망으로 연결되어 있다는 사실을 알 때, 우리는 고독하지만 그 고독함을 이겨내는 강인한 힘이 존재한다는 사실을 알게 됩니다.

산꼭대기에 있는 바위를 계속 밀어 올려도 매번 산 밑으로 떨어지고, 그렇게 떨어지는 바위를 다시 산 위로 밀어 올리는 시시포스(Sisyphos)의 마음이 바로 고독입니다. 시시포스는 고독함의 표상입니다. 하지만 그는 바위를 밀어 올리면서 흘리는 자신의 땀내음을 맡고 자기 존재를 인식합니다. 그리고 그의 고독한 삶은 자기애(自己愛)에 빠져 매일 물 속의 자신만을 바라보고 사랑하는 나르시스(Narcisse)는 아닙니다.

시시포스처럼, 인간은 매일 산 밑으로 떨어지는 바위를 밀어 올리며, 어떻게 사는 게 올바른 삶인지를 끊임없이 고민하는 동물입니다. 그 근간을 이루는 감정은 '고독'입니다. 나는 '혼자'라는 생각입니다. 내가 혼자라는 이 생각이 삶에 대한 자의식을 깨우기 시작합니다.

사람의 마음속에는 저마다 다듬어지지 않은 다이아몬드 원석이 있습니다. 그 원석을 살아가면서 매끈하게 만드는 힘은 나에 대한 의식, 즉 '자각'이 생길 때 발생합니다. 나를 다이아몬드처럼 강한 존재로 만드는 힘의 원천은 '이 세상에 존재하는 나는 나 하나뿐이다'라는 생각에 있습니다. 그리고 그 생각 너머 세계(우주) 속에 항상 내가 존재함을 의식해야 합니다.

내 삶의 세상 너머에 존재하는 새로운 세상에 대해 각
성을 할 때, 우리는 내면 여행의 시작점에 설 수 있습니
다. 나에 대한 각성은 나에 대한 '부정'으로 시작되지만,
나를 부정한다는 것이 나를 미워한다는 의미는 아닙니
다. 세상에 존재하는 내가 하나밖에 없다는 사실을 안다
면 나를 미워할 수가 없습니다. 더욱이 나를 스스로 죽일
수도 없습니다.

나를 부정하는 힘은 '나를 살리는 길'이기도 합니다.
'나는 구제불능이야', '나는 도저히 할 수 없어', '이것은
나의 천성이라 고칠 수 없어'라는 부정적인 생각은 나를
부정하는 것이 아니라, 그저 부정적인 감정에 지나지 않
습니다. 이런 부정적인 감정은 마음속에서 일어나지 못
하도록 해야 합니다. 그런 생각이 일어나면 그냥 내버려
두어야 합니다. 그것들과 싸우지 말아야 합니다. 내버려
두면 스스로 지쳐 떨어져 나갑니다. 부정적인 감정은 나
의 본모습이 아니기 때문입니다.

나를 의심하면 부정적인 감정과 싸울 수밖에 없습니다. 물론 처음에는(어릴 때는) 싸울 필요도 있습니다. 그러나 몸과 마음이 성장하고 난 후에는 나를 의심하지 말아야 합니다. 나를 계속 의심한다는 것은 아직 내가 독립적인 존재가 되지 않았다는 증거입니다. 부정적인 감정과 싸우느라 에너지를 소진하지 말아야 합니다. 대신 그 에너지를 자신을 사랑하는 데에 써야 합니다. 내가 나를 사랑하지 않는데 누가 나를 사랑해줄까요? 나부터 먼저 나를 사랑해야 합니다. 한 점의 의심도 없이 나를 사랑해야 합니다. 사랑에는 언제나 자기 확신과 자기 신념이 필요합니다. 자기 확신과 신념은 '고독'이라는 깊은 생각에서 나옵니다.

　우선 누구나 나를 사랑하면 마음이 안정됩니다. 그리고 내 마음(自心)의 안정이 지속될 때, 지혜의 눈이 열립니다. 지혜의 눈이 생기면 사물을 전체적으로, 있는 그대로 볼 수 있습니다. 나의 의식이 깨어납니다. 의식이 깨어남으로써 우리는 육감(Six sense)을 가질 수 있습니다. 육감은 곧 통찰력입니다. 육감을 가지면 과거와 현재, 그리고 미래를 꿰뚫어 볼 수 있습니다.

오리지널리티는 나의 중심(中心)에 자리하고 있습니다. 그래서 오리지널리티는 영원불변(永遠不變)한 것입니다. 나만의 오리지널리티를 발견하면, 나는 세상 그 어떤 것과도 다른 유일한 사람이 됩니다.

사람들이 인생에서 실패하는 이유는 대개 자신의 내면에 있는 고도의 인식 능력(고차원적 능력)을 발휘하지 못하기 때문입니다. 나의 내면을 인식하면 스스로가 미래를 밝히는 빛이 무엇인지를 알게 됩니다. 우리는 반사체가 되어서는 안 됩니다. 반사체는 아무리 커봤자 생명이 없습니다. 열을 내지도 못합니다. 우리는 작을지라도 '발광체'가 되어야 합니다. 스스로 빛을 발하는 존재가 되기 위해 나만의 오리지널리티를 찾아야 합니다.

사람의 운명은 자기 스스로 만들어갑니다. 세상이 나

를 받아주지 않더라도 '나는 할 수 있다'라는 긍정적인 생각을 가져야 합니다. 자아실현을 성취한 사람들이 말하는 이야기의 핵심은 '어떤 절망적인 상황일지라도 나를 잃어버리지 않고, 스스로 오리지널리티를 찾아낸 뜨거운 삶의 열정'으로 요약할 수 있습니다.

희망과 꿈은 나를 중심으로 움직입니다. 나의 생각이 어디에 있느냐에 따라 세상의 움직임도 달라집니다. 내가 나의 운명을 만드는 사람입니다. 즉, 내가 무너지면 세상이 무너집니다.

이 세상에 '나'는 하나뿐입니다. 그래서 이미 나는 오리지널리티합니다. 우리의 삶을 지배하는 핵심은 바로 '나를 중심으로 세상이 움직인다는 사실'입니다. 이는 절대로 이기심이 아닙니다. 인간의 원초적인 마음입니다. 세상을 지배하는 것이 나이고, 나를 지배하는 것도 나입니다.

그래서 나 홀로 대지 위에 서 있다고 하여 슬퍼하지 말길 바랍니다. 왜냐하면 이 세상은 내가 없으면 존재하지 않기 때문입니다. 나라는 존재가 세상에 존재한다는 것보다 더 큰 의미는 이 세상에 없습니다. 내가 가진 고유의 능력(Original power)은 나를 의식하는 순간, 이 세상에 '나'는 혼자이며 하나(Oneness)라는 사실을 자각하는 찰나에 드러납니다.

02

혼자일 때 비로소
나를 의식할 수 있다

우리 중에 인생의 마지막 순간 '나는 후회 없이 살았다'고 이야기할 수 있는 사람이 몇 명이나 될까요? 만일 생의 마지막에 그런 느낌을 받았다면, 행복한 삶을 살았다는 증거입니다. 행복하게 산다는 것은 우리 모두의 꿈이자 희망입니다.

모든 사람은 각자의 이데아(IDEA, 이상적인 세계)를 꿈꾸며 살아갑니다. 이데아가 없다면, 우리가 세상을 살아갈 이유도 존재하지 않습니다. 그렇기에 삶의 각박함 속에서도 이데아를 잃어버려서는 안 됩니다. 인생의 궁극적인 목적은 '행복'입니다. 행복은 우리가 인생의 목표를 달성할 때 찾아옵니다. 그것이 큰 목표이든 사소한 목표이든 간에 말입니다.

사람에게 있어 생활 주기(Life cycle)마다 자기 역할이 주어진다는 점은 누구도 부인할 수 없습니다. 엄마의 뱃속에서 태어나 초등학교, 중학교, 고등학교, 대학교를 거쳐 직업을 갖고, 결혼을 하고, 아이를 낳고, 죽음에 이르기까지 사람은 저마다 자기 역할에 충실하여 살아갑니다. 그 과정에서 나름대로 행복을 누리고자 합니다.

그런데 이렇게 매일매일 살아가다 보면, 정작 자신을 잃어버리는 경우가 많습니다. 즉, 인생의 목적을 잃어버립니다. 인생의 큰 목적(숲)을 보지 못하고, 하나하나의 사건(나무)만 보다가 길을 잃어버립니다. 그래서 우리는 잠들기 전 한순간만이라도 자기 자신을 돌아보아야 합니다. 하루의 생활이 만족하게 이루어졌는지, 자신의 큰 목적과 맞닿아 있었는지를 성찰해야 합니다.

그러나 우리의 실제 생활은 그렇지 못한 경우가 많습니다. '나'를 잊고 있기 때문입니다. 객관적인 면에서 나를 바라볼 수 있는 시각이 존재하지 않기 때문입니다. 그래서 매일 잠들기 전에 하는 성찰의 힘이 얼마나 큰지 잘 알지 못합니다. 하루의 끝에서 그 끝자락을 잡고 나를 생각할 때, 우리는 무언가에 홀린 듯 자기 자신을 순간적으로 놓쳐버리고 어둠의 공간 속으로 미끄러져 가는 환상에 빠집니다. 당신은 어둠의 공간 속으로 자신이 녹아드는 환상을 느낄 때, 그 순간을 꽉 잡아 더 이상 빠져들어 가지 않도록 나를 붙잡은 적이 있습니까? 정지된 그 순간 속에서 어두운 공간을 치고 올라오는 오싹함을 기억합니까?

이 현상은 주로 성장 시기에 자주 경험하는 일입니다. 가위에 눌리는 꿈, 어둠의 공간 속으로 하염없이 빠지는 환상들을 말합니다. 의사들은 이를 '성장통'이라고 이야기합니다. 그런 경험이 존재한다면, 우리는 오리지널리티의 힘을 가질 수 있는 자격이 생깁니다. 그 어둠의 심연(深淵)은 어디일까요? 아찔한 순간에 의식의 끈을 놓아버린, 시공의 초월 속으로 빠져들어간 그 어둠의 공간은 어디에 있을까요?

누구나 한 번쯤 어릴 적 꿈속에서 한없이 밑으로 가라앉았던 기억이 있을 것입니다. 의사들은 이를 성장기에 드러나는 성장통이라고 이야기하지만, 사실 그것은 우리가 태어난 시작점 속으로 들어가는 출입구에 대한 잠재적 기억입니다. 신화 학자들은 이것을 '우주의 시작점'이라고 이야기합니다.

왜 이런 현상을 꿈속에서 체험할까요? 그곳이 우리의 생존을 가능하게 해주는 힘의 원천적 공간이며, 우리는 내면 여행을 통해서만 그곳에 갈 수 있기 때문입니다. 꿈속에서 본 어두운 공간은 '무의식의 공간'입니다. 우리는 무의식의 공간을 어떻게 항해할 수 있을까요? 내 마음의 내부 깊숙이 들어가는 순간, 어두운 감정을 느낍니다. 원초 시대의 무서운 기억의 흔적 때문입니다. 그러나 모든 힘은 여기, 무의식에서 나옵니다. 이 무의식의 출입구를 열 수 있는 비밀은 어릴 적 기억 속에 숨어 있습니다.

나를 의식하는 순간, 나는 그 어둠의 공간으로 유도됩니다. 그리고 유도된 그 공간 속에서 새로운 힘을 받습니다. 공간에 유도되었다는 느낌은 나 자신에 대한 자라남, 즉 성장에 대한 힘의 표상입니다. 25세(일반적으로 몸의 성장이 정지하는 시기)가 성장의 한계이기에, 그때까지는 이러한 꿈을 자주 꿉니다. 어린 시절 혼자 일어나는 느낌, 가위에 눌리는 꿈, 식은땀을 흘리면서 잠자리에서 일어났던 그 순간이 내가 무의식의 공간에서 다시 깨어났을 때 받은 느낌입니다.

이 경험은 '우리가 언제나 다시 어린이의 마음을 가질 수 있다'는 전제 조건이 됩니다. 사람이라면 누구나 사회에 물들지 않은 동심의 세계를 가질 수 있습니다. 성장이 끝나기 전 어린 시절의 우리는 순수 의식을 갖고 우주와 통하고 있었으므로 자주 그런 꿈을 꾸었던 것입니다. 그러나 나이가 들고 순수 의식이 사라지면서 힘의 원천과 마주하는 능력을 상실하고, 그런 꿈을 더 이상 꾸지 않게 된 것입니다.

인간의 내면에는 이성을 넘어서는 '지혜의 불꽃'이 존재합니다. 태초 이전부터 이미 인간 내면에 존재해왔던 무한의 지혜를 찾아야 합니다.

스티븐 스필버그 감독의 영화 「인디아나 존스: 크리스탈 해골의 왕국」(2008)을 보면, 영화의 끝에서 주인공은 이렇게 말합니다. "우그하 언어로 황금이 보물을 뜻하지만, 그들 외계 생명체의 보물은 황금이 아닙니다. 그들의 보물은 지식입니다(Knowledge was their treasure)." 여기서 지식이란 '무한의 지혜'와 같은 의미입니다. 그리고 이는 굉장히 단순합니다. 컴퓨터 시스템과 같을지도 모릅니다. '0'과 '1'이라는 두 숫자(있음과 없음)의 끝없는 조합일 수도 있습니다. 지혜의 가장 기본적 형태인 예(Yes) 혹은 아니오(No)일 수도 있습니다.

인간의 두뇌는 원초적 차원에서 우주의 에너지장과 이렇게 연결이 되어 있습니다. 무저항의 공간 속으로 빠져들어가는 나의 의식은 이미 우주의 끝자락과 맞닿아 있습니다. 무의식의 공간은 인간 탄생의 원초적인 순간까지 나를 데려다줍니다. 힘의 원천 속으로 나를 끌어들입니다. 무의식의 공간은 세상을 살아갈 수 있는 원초적인 힘을 저장하고 있습니다. 그것은 보이지 않는 공간, 즉 무의식의 공간이자 우주의 공간입니다.

인간이라면 누구나 그 공간과의 접속이 가능합니다. 무의식의 공간과 접속하려는 힘이 '오리지널리티'입니다. 그래서 오리지널리티는 '존재의 본성'입니다. 그리고 이는 이성과 감성, 영혼을 깨우쳐주는 무한한 힘을 가진 잠재력입니다. 우주와 인간을 연결하는 원초적인 힘입니다. 오리지널리티는 무의식 공간 속에서만 만날 수 있습니다.

여러분이 시작해야 할 내면 여행은 무의식으로의 여행입니다. 여행의 끝에서 만나는 '나'에 대한 철저한 깨우침이 오리지널리티를 찾아가는 힘을 마련해줍니다. 이 세상에 나의 존재를 그대로 인정해주는 오리지널리티에 대한 의식은 수억 년을 살아온 인간의 DNA에 내재되어 있습니다. 그것이 인간에게 무한한 힘을 제공합니다.

　그 무의식의 공간은 잠재력을 발현시키는 원점으로의 여행, 즉 블랙홀 속으로 빨려들어가는 무한한 힘을 우리 몸과 마음속에 제공하고 있습니다. 이는 인간의 모든 것이 진화의 산물로써 이루어져 있고, 그 진화의 흔적이 우리의 몸과 마음속에 그대로 존재하고 있기 때문입니다. 이는 항상 유전됩니다. 진화의 힘이 고스란히 현대를 살고 있는 당신에게도 전해졌고, 그 힘을 우리는 꿈(무의식) 속에서 계속 주입받고 있습니다.

　잠재력을 발현시키는 힘이 오리지널리티입니다. 우리는 자신도 모르게 잠재력이 무엇인지 알고 있습니다. 잠재력의 근원에는 모든 인간은 신성하며 동등하다는 생각이 존재합니다. 이것은 태어날 때부터 주어진 것으로, 인간의 본성입니다. 잠재력은 우리에게 생명을 주고 에너지를 줍니다. 그것은 무의식 자체에서 발산됩니다. 그리고 끊임없이 우리의 삶에 동기를 부여하고, 모든 사람의 복지와 안녕을 위합니다.

　잠재력은 정직합니다. 누구에게나 그 힘은 공평하게 배분되어 있습니다. 그래서 우리는 나 자신이 현재 처한 환경을 그대로 받아들여야 합니다. 지금 나의 잠재력이 당신에게 드러나지 않았다 할지라도, 그 힘의 존재를 무시하지 말아야 합니다. 그 힘을 믿어야 합니다.

　모든 종교는 믿음에서부터 출발합니다. 믿음을 통해 생명의 근원점까지 도달하고, 믿음을 통해 모든 것이 이루어집니다. 믿음은 곧 긍정의 마음입니다. 믿음은 보이지 않는 존재와의 소통입니다. 보이지 않는 세계에 존재하는 잠재력이 발현되어, 보이는 세계로 드러나는 것은 당신이 유일한 존재라는 사실을 믿는 마음으로부터 시작됩니다. 바로 그것이 각자의 오리지널리티입니다.

03

사춘기는
'생각의 봄'이다

．
．
．

　오리지널리티는 특출난 사람들의 전유물이 아닙니다.
다만 그것이 언제 어느 순간에 나에게로 올지 모릅니다.
무언가 '계기'가 있어야만 옵니다. 평범한 사람일지라도
일상적인 생활을 하면서 나만의 오리지널리티는 꼭 찾아
야 합니다. 이는 나 자신만의 역량과 가치를 찾는 작업이
며, 세상 속에서 자신이 원하는 생의 방향을 찾는 일입니
다. 살면서 실패를 하거나 불행을 겪어본 사람이 많습니
다. 그런데 역설적으로 고통스러운 경험은 자신만의 오
리지널리티를 보다 빨리 찾을 수 있는 동기가 됩니다. 그
러므로 이런 경험을 서러워하거나 두려워할 필요가 없습
니다. 실패의 경험(스트레스)을 이겨내지 못하면, 콤플렉
스를 갖게 되고 급기야는 우울증에 걸리게 됩니다. 콤플

렉스는 감기와 같습니다. 누구나 감기에 걸리는 것처럼 건강한 사람들도 콤플렉스를 갖고 있습니다.

그러나 우울증은 암(癌)과 같습니다. 즉각 치료하지 않으면 내 무의식의 공간 속에 있는 힘의 원천, 즉 오리지널리티를 뿌리 채 갉아먹습니다. 그래서 우울증의 끝은 '죽음'입니다. 스스로 자신의 오리지널리티를 끊어버리는 행위입니다. 자살은 자신의 가능성을 1퍼센트도 믿지 않는 절망적인 상태에서 벌이는 극단적인 사건이며 사고입니다.

세상의 나쁜 균은 절대로 완전히 소탕되지 않습니다. 우울증도 사라지지 않습니다. 함께 사는 것입니다. 건강한 사람은 무균자가 아닙니다. 진실로 건강한 사람은 보균자입니다. 보균자는 늘 몸에 병원체를 지니고 있습니다. 항상 몸을 보살피는 사람이 건강한 사람입니다. 조그마한 불행도 행복으로 만드는 사람이 보균자입니다. 그래서 삶의 고통은 우리에게 행복을 주는 병균입니다.

고통 속에서 우리는 우리 자신을 제대로 되돌아볼 수

있습니다. 자신을 돌이켜봄으로써 '나'를 알게 됩니다. 그래서 삶의 고통은 행복의 메신저입니다. 만약 '나'를 알지 못하면, 고통은 고통이 되고 우울은 우울로 남게 됩니다. 고통과 우울을 나를 알게 하는 일에 사용한다면, 그 사람은 누구보다 더 성숙해지고, 더 빨리 진정한 행복과 오리지널리티를 발견하게 됩니다.

　모든 사건의 발단에는 징후가 있습니다. 어떤 일이 일어날 낌새 말입니다. 이것은 아주 미세한 움직임이어서 일단 일의 결과와는 관계가 없는 것처럼 보입니다. 느낌의 찰나, 성공의 기회를 포착한 사람들은 이 기미를 보다 창조적으로 활용합니다. 더구나 미래의 움직임이 불확정적일 때 아직 구체화되지도 않는 미세한 기미를 읽어내기란 쉬운 일이 아닙니다. 하지만 이러한 어려움과 관계없이, 징후는 시간이 갈수록 점점 뚜렷해지고 구체화되어 이미 그 속에 품고 있던 결과를 드러냅니다.

　제갈공명(諸葛孔明)의 신기한 재주도 사실은 신비스러

운 것이 아닙니다. 다만, 자연의 기미를 미리 알고 있었을 뿐입니다. 몇 년의 세월 동안 자연의 흐름을 관찰한 결과 동남풍의 존재를 알고, 시기적절하게 그 바람을 활용했을 뿐입니다. 계절의 순환 속에서 우리는 봄, 여름, 가을, 겨울이 온다는 낌새를 알아차립니다. 이 징후를 알면 삶은 더욱 지혜로워집니다. 지혜는 나 자신이 나의 주인이 되었을 때 샘솟고, 그 지혜가 우리의 삶을 자유롭게 만듭니다. 우리의 본능 속에 삶의 지혜가 내포되어 있다는 사실을 알게 되고 믿게 된다면, 뒤늦게 오는 후회와 탄식, 허둥댐에서 벗어날 수 있습니다.

미세한 징후를 알아차리기 위해 우리는 항상 깨어 있어야 합니다. 오감을 뛰어넘는 육감의 촉수를 바짝 세워놓고, 현재 일어난 찰나적 느낌이 무엇인가를 깊게 생각해야 합니다. 그것이 미래를 읽는 지름길입니다.

스쳐가는 순간의 느낌, 즉 육감을 키워야 합니다. 일에 집중하면 그 일에 대한 징후를 알 수 있습니다. 이를 통찰력(Insight)이라고 합니다. 통찰력는 내 안(In)의 힘을 알아봄(Sight)으로써 생겨납니다. 통찰력을 갖기 위해서는 내부로 깊숙이 침잠해서 생각해야 하고, 그러면 징후는 스스로 빛을 드러냅니다. 어려운 기술이 아닙니다. 내 인생에 다가오는 징후를 알아차리면, 그 순간 나의 오리지널리티에 가장 빠르게 접근할 수 있는 기회가 발생합니다. 당신은 이 기회를 놓치지 말고 꽉 잡아야 합니다.

나만의 오리지널리티를 찾는 가장 좋은 시기는 사춘기(思春期)입니다. 많은 사람이 사춘기를 반항의 시기로 생각합니다. 하지만 우리에게 사춘기가 없다면 인생의 의미, 삶의 지혜에 접근할 수 있는 중요한 시기도 없습니다. 사춘기를 겪지 않는 경우는 없습니다. 나이가 들어도 사춘기는 옵니다. 삶의 고비를 넘기면서 만나는 제2의 인생도 사춘기입니다.

사춘기는 여자의 경우 11세 전후, 남자는 13세 전후에 시작되는 청소년기로, 신체적·정신적으로 커다란 변화가 생기는 시기입니다. 삶의 패러다임이 전환되는 변화의 시기입니다. 자의식이 강해지고 자신이 이제는 다 커서 어른이 되었다고 생각하기에 어린아이처럼 취급받는 것을 싫어합니다. 이 시기에 남이 나를 어린아이로 취급하면, 심리적 갈등을 겪게 됩니다.

사춘기는 자기의식에 대한 '자각(自覺)'이 일어나는 시기입니다. 자각은 자기에 대한 각성입니다. 자기 자신을 올바르게 바라볼 수 있는 시각을 갖기 시작하는 것입니다. 사춘기(思春期)는 '생각(思)의 봄(春)'입니다. 자기 생각이 꿈틀대며 대지를 뚫고 나오는 시기입니다. 스스로 생각을 할 수 있고, 판단을 할 수 있다고 여깁니다. 의식이 뚜렷하게 발현됩니다. 그래서 부모들은 사춘기에 접어든 자식에게 무조건 강요해서는 안 됩니다. 사춘기는 방향을 찾는 시기이므로, 인생의 방향을 하나라도 제대로 찾게 되면 스스로 안정을 느낄 수 있습니다.

이때가 되면 말을 아주 잘 들었던 아이들도 '거부'를 하기 시작합니다. 대화 자체를 하지 않으려고 합니다. 사춘기에는 자기 생각을 표현하려고 노력하기 때문에 아이들을 인격체로서 대해야 합니다. 부모는 자식이 하나의 인격체로서 당연히 나와 다르다는 것을 인정해야 하고, 아이 스스로 결정하고 책임질 수 있도록 유도해야 합니다. 사춘기 때의 아이들은 마음이 공허한 상태이기에 대화를 하려고 하면 '몰라요', '상관없어요', '그냥'이라는 말을 자주합니다.

그래서 사춘기의 아이들에게 정(情)이 담긴 대화로, 그들의 기분을 읽고 '그들을 존중한다는 점'을 말로 표현해주어야 합니다. 그래야 자신의 속마음을 자유롭게 터놓을 수 있고, 자의식이 올바른 방향으로 성장합니다. 사춘기 아이들에게는 '저마다의 생각'이 있고, 그러한 생각의 자유를 박탈해서는 안 됩니다.

사춘기는 인생에서 맞이하는 최초의 입사식(Initiation)입니다. 삶에 있어 가장 중요한 통과 의례입니다. 이때 아이들 스스로 발아하기 시작하는 의식을 없앰으로써 그들의 오리지널리티(독창성)를 죽여서는 안 됩니다. 사춘기는 반항의 시기가 아니라 '반성의 시기'입니다. 서로의 믿음이 필요한 시기입니다. 이 시기에 부모와 선배, 선생님은 아이들 각자만의 '오리지널리티'를 찾도록 도와줘야 합니다. 그러면 빠른 시간 안에 오리지널리티를 찾고 인생을 낭비하지 않습니다. 천천히 이끌어야 합니다. 그들을 믿어주고, 그들 스스로의 판단에 참여하며, 그들의 생각과 마음을 공유하도록 도와주어야 합니다.

자의식이 형성되는 사춘기는 나만의 오리지널리티를 가장 빠르게 찾을 수 있는 시기입니다. 오리지널리티는 생의 의미와 비밀을 찾게 해주고, 행복한 삶을 살아가기 위한 에너지를 부여합니다.

인생 변화의 징후를 나 스스로 발견하는 시기, 사춘기. 어린 시절이든 제2의 인생 시기든, 변환의 시간을 맞이한 순간 우리 자신에 대한 새로운 자각이 생겨납니다. 이 자각으로 인해 나에 대한 의식 변화가 촉발됩니다. 이때 사람들은 비로소 세상살이가 어렵다는 것을 알게 됩니다. 그리고 혼자 자기 속으로 침잠합니다. 각자 무의식으로의 여행을 시작합니다.

이는 진정한 나, '나 다움(Me-ism)'을 찾는 여행입니다. 내면 여행을 통해 나만의 독특함(Uniqueness)을 발견하는 것이야 말로 행복한 인생 여정의 시작입니다. 나를 나답게 하는 오리지널리티, 행복의 비밀을 푸는 열쇠를 찾기 위한 여행이 가장 강력하게 시작되는 시기는 생각의 봄, 즉 '인생의 사춘기'입니다.

04

지금 이 순간을 충실히 살아야
삶이 완성된다

내가 진실로 원하는 것이 나의 오리지널리티입니다. 내가 원하는 것(My wish)을 알고 결정하기 위해 먼저 '죽음'을 떠올리면 좋습니다. 내가 지금 죽는다고 가정을 하고 지금까지 걸어온 길을 천천히 더듬어보면, 온갖 생각과 걱정, 추억과 인연이 주마등처럼 지나갈 것입니다.

이것을 지구에 모두 버리고 우주로 날아간다는 상상을 해보세요. 내가 집착하고 있는 것들이 떠오르고, 진실로 원하는 것이 무엇인지를 알게 됩니다. 나의 의식을 우주로 확장하면 누군가가 내게 말해줍니다. 아니, 내 마음속에 절실한 무언가가 일어납니다. 이것을 붙잡으세요.

내가 진실로 원하는 것은 찰나에 나타납니다. 변화하는 세상 속에서 내 삶이 자리 잡아야 할 위치를 아는 순간, 나의 오리지널리티는 힘을 발휘합니다. 먼저, 내가 진실로 원하는 것이 무엇인지를 생각 속에 그려보세요. 마음으로 수없이 갈고닦으세요. 그리고 다시 백지 위에 갈고닦은 이미지를 그려보세요. 그러면 어느새 당신 삶의 그림(Picture of Life)을 완성할 수 있습니다.

삶의 목표를 세울 때에는 너무 길거나 짧지 않게, 무엇보다도 구체적으로 표현하는 것이 중요합니다. '하루에 한 명을 칭찬하겠다', '누군가를 웃게 만들겠다' 등 목표는 구체화될 때 비로소 실현될 힘을 가집니다. 사회와 인류, 나아가 우주에 큰 공헌을 해야겠다는 생각에 사로잡히면 도리어 부정적인 생각이 많이 떠오를 것입니다.

작게 시작하는 것이 중요합니다. 중요한 것은 현재입니다. 오늘 시작하는 것입니다. 큰 생각(Big think)은 내가 진실로 원하는 것입니다. 다만, 이를 실현하기 위해 작게 행동하세요(Act small). 실행은 작게 해야 합니다. 작심삼일(作心三日), 즉 목표를 세우고 3일 이상 지키지 않는 것을 걱정하지 마세요. 3일 만에 도달할 수 있는 목표를 세우고 다시 시작하면 됩니다.

생각이 실천으로 이어져야 합니다. 행동이 이루어지지 않으면 생각은 아무런 필요가 없습니다. 작은 일에서 성취감을 맛보면 큰일에 대한 두려움이 사라집니다. 작은 경험의 축적이 큰 행동을 이끌어냅니다. 자신에게 도전하고 싶다면 조급하게 생각하지 마세요. 한 걸음씩 나아가면 됩니다. 우리의 인생은 결코 짧지 않습니다. 자기 성장은 이렇게 이루어집니다.

나의 오리지널리티는 결코 거창한 것이 아닙니다. 현재의 위치에서 내가 할 수 있는 일, 즉 비전(Vision)을 찾는 것입니다. 당신이 생의 목표를 무엇으로 설정했는지가 가장 중요합니다. 나의 목표가 남에게 상처를 주지 않기 위해서는 언제나 2퍼센트 정도는 양보를 해야 합니다. 소박한 나의 꿈과 행복, 희망을 항상 마음속에 간직하세요. 그럴 때 생의 에너지는 언제나 나에게 힘을 북돋아줄 것입니다.

오리지널리티는 뛰어난 개인성(퍼스낼리티)과 자기만의

정체성(아이덴티티)으로 '나의 독창성(오리지널리티)'을 찾아 세상을 바꾸려고 노력하는 자세입니다. 오리지널리티를 획득하지 않은 사람은 자신이 이 세상에서 해야 하는 일이 무엇인지 볼 수 없습니다.

오리지널리티를 찾을 수 있다는 믿음에 의해 당신은 점점 최고에 도달하는 삶을 살 것입니다. 그래서 항상 새로운 꿈에 도전하고 세상을 변화시킬 가치 있는 삶을 살기 위해 노력할 것입니다.

사람은 우주에서 보면 티끌이고 먼지입니다. 우리는 먼지를 골칫거리로 여기고 있습니다. 미시적 관점에서 먼지는 사람의 폐, 심지어 혈관까지 침투해 온갖 병(천식, 알레르기, 폐암 등)을 일으키기 때문입니다. 그렇다면 먼지가 없어지면 좋은 세상이 될까요? 그렇지 않습니다.

저녁이면 붉은빛으로 곱게 물드는 석양, 일곱 빛깔 무지개 등은 햇빛이 먼지에 의해 흩어지면서 생기는 현상입니다. 먼지가 없다면 눈이나 비가 오지 않습니다. 도리어 자연은 먼지를 이용해 인체에 치명적인 유해 물질들을 제거합니다. 거꾸로 '똑똑한 먼지(Smart dust)'를 만드는 것입니다. 인공 비, 방사능 핵종 제거, 초소형 칩의 개발 등 말입니다. 물론 이는 수많은 먼지가 네트워크로 연결되어야 가능한 일입니다.

백해무익할 것 같은 먼지가 세상을 아름답게 만들고, 인간의 삶을 편리하게 만듭니다. 우주에서 보면 보잘 것 없는 먼지인 당신도 마찬가지입니다. 즉, 우리는 먼지 같은 존재이지만 세상에 쓸모 있는 존재라는 사실을 인식해야 합니다.

세상에는 성공적인 삶을 살았던 사람들이 많이 존재합니다. 우리의 시야에 드러난 사람은 역사적으로 기록된 인물이지만, 실제로는 드러나지 않은 사람이 더 많이 존재합니다. 그리고 그들은 다만 그들 자신의 삶을 충실하게 살았을 뿐입니다.

말하지 않는다고, 세상에 보여지지 않는다고 해서 그

들의 삶이 실패적이었다고 말해서는 안 됩니다. 그들은 현실을 바라보면서 고단한 삶의 냄새를 '향기'로 바꾼 사람들입니다. 인생의 최후 승리자는 배려와 나눔을 기본으로 자신의 삶을 통찰하며 살아가는 사람들입니다.

매 순간 최선을 다하는 삶을 영위한 그들에게 축배를 올리고, 박수를 치며 격려해야 합니다. 그들의 내면에 존재하는 생의 열정을 보면서 '나'의 오리지널리티를 획득하고 새로운 삶의 변화를 이루어야 합니다.

그들은 세상에 빛 같은 존재입니다. 세상을 말없이 살고 행동하면서 치유하는 사람들입니다. 시대의 영웅이나 성자가 아닙니다. 그러나 겉으로 드러나지 않는 위대함으로 삶을 살았습니다.

일상의 모든 일을 우리 뜻대로만 할 수는 없습니다. 삶의 사건들은 파도처럼 계속 밀려듭니다. 인생에서 스스로 행동을 선택하는 사람은 많지 않습니다. 다만 '나'의 오리지널리티를 찾은 사람만이 자기 삶의 미래를 창조합니다. 누구나 자기 삶을 소중히 여기고 가치 있게 살길 원하지만, 쉬운 일은 아닙니다. 현실 생활에 얽매이다 보면 자신이 추구하는 목표를 생각할 겨를도 없이 하루하루를 보내게 됩니다. 나이를 먹을수록, 시간이 갈수록 생활은 점차 복잡해지고 삶은 빨라집니다.

우리가 자신만의 오리지널리티를 찾으면, 어떤 일을 좋아하게 되고, 세상에 도움되는 일을 하고, 다른 사람을 돕게 됩니다. 오리지널리티를 가지면 삶의 원칙이 마음속에 영접됩니다. 삶의 원칙과 마음이 조화를 이룰 때 당신은 의미 있는 삶을 이룰 수 있고, 세상을 바꿀 수도 있습니다. 영원한 삶의 방식, 즉 존재로서의 의미성을 확보해주는 오리지널리티는 조급하지 않고 한 걸음씩 나아가면 찾을 수 있습니다.

For
Originality

제2장

...

[무 의 식]

자아실현의 비밀을 찾아 떠나는 여행

05

삶의 가장 강력한 동력,
오리지널리티

오리진(Origin)은 근원, 기원, 원점입니다. 오리지널(Original)은 본래의 것, 본심, 최초(Earlist)라는 뜻입니다. 그리고 오리지널리티(Originality)는 '본래의 기원을 갖추고 있는 능력(Ability)'을 말합니다. 오리지널리티는 원초적인 힘을 가질 수 있도록 만드는, '인간 생존 능력에 대한 원천'을 말합니다.

세상을 힘들게 사는 사람들에게 제대로 살아갈 수 있는 힘의 원천을 제공하는 것이 오리지널리티의 진정한 의미입니다. 오리지널리티에 대해 이렇게 말하면 '이게 무슨 소리냐, 헛소리 말라!' 하고 생각하는 사람도 있을 것입니다. 오리지널리티를 그냥 당연하게 '독창성' 정도로 이해하고 있기 때문입니다.

이 세상에 나는 '나 하나뿐'이라는 사실을 거역할 수 없습니다. 우리가 자라나고 계속해서 성장하는 그 밑거름은 '잠재력의 끊임없는 개발'에 있습니다. 잠재력은 인류가 이 세상의 시작점에서 지금까지 살아올 수 있었던 모든 힘의 정수이고, 그 힘의 정수를 여러분은 무의식과 꿈을 통해 흡수해왔습니다. 그렇기에 인간이라는 동물이 지구를 지배할 수 있었습니다.

인간 생존 능력에 대한 원천, 즉 오리지널리티의 구조를 간단하게 표현하면 다음 그림과 같습니다. 오리지널리티를 아이덴티티(獨, 독), 크리에이티비티(創, 창), 퍼스낼리티(性, 성)로 각각 나누었지만, 설명하기 위해 그렇게 나눈 것이지 이 세 가지가 합쳐져 있다고 이해해야만 오리지널리티를 제대로 인식할 수 있습니다.

오리지널리티는 독(獨), 창(創), 성(性)의 삼위일체로 이루어져 있습니다. 이 세 가지 독, 창, 성이 서로의 힘을 결합시켜 소용돌이치게 만듦으로써 내부 잠재력이 폭발하여 자신의 외부로 빠져나올 때, 오리지널리티는 비로소 생명력을 갖게 됩니다.

우리의 내면에서 발생하는 이중(독, 성) 충돌이 삼중(독, 창, 성) 충돌로 결합되면서 외부로 폭발할 때 우리는 비로소 내가 '나' 아님을 알고, 그 모든 '나'가 하나임을 알게 됩니다. 그 하나의 힘이 오리지널리티의 힘입니다.

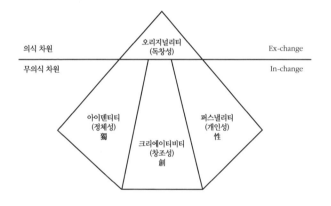

그림의 이미지는 다이아몬드와 빙산을 합해놓은 것입니다. 무의식의 공간에 숨어 있는 독(獨), 창(創), 성(性)이 오리지널리티의 보이지 않는 부분입니다. 무의식 차원이 의식 차원의 공간으로 빠져나옴으로써 오리지널리티는 발현됩니다. 내적 변화(In-change)에서 외적 변화(Ex-change)로 드러나는 방식입니다.

내적 변화가 외적 변화로 전환되는 과정을 상세히 살펴보면, 인간의 무의식에 존재하는 최초 DNA의 기원(Origin DNA)은 본능(Id)의 실체(Entity)인 아이덴티티(Identity, 獨)와 환경 요인에 따라 융통성 있게 변화하는 퍼스낼리티(Personality)로 구성되어 있음을 알 수 있습니다. 독(獨)과 성(性)이 만나 나의 무의식 공간에서 마음 먹기(Mindset)가 이루어지면, 현실 생활에 대한 성취감과 만족감이 발생되는데, 이 결과물이 크리에이티비티(Creativity)를 만들어냅니다.

이 모든 작용은 마음의 상징인 이미지의 씨앗을 키우는 '상상력(Imagination)'이 있기에 가능합니다. 상상력은 크리에이티비티의 작용에 의해 잠재력을 발생하게 하게 합니다. 이 잠재력이 의식의 차원으로, 물 위로 떠오르면서 나오는 힘이 오리지널리티입니다. 오리지널리티는 영원히 변하지 않는, 다이아몬드의 힘을 갖고 있습니다. 빙산의 일각이 전체(Holistic)를 드러내는 것입니다. 모든 사람이 가진 욕망의 대상, 원함의 대상 중에 가장 큰 다이아몬드가 나의 오리지널리티입니다. 오리지널리티를 찾음으로써 영원히 변치 않는 우리의 인생도 금강석(다이아몬드)이 될 수 있습니다.

여러분이 인생을 살 때 독(獨), 창(創), 성(性)의 원칙은 어두운 바닷길을 밝혀주는 등대 역할을 해줄 것입니다. 이는 자연의 법칙이자 우주의 법칙입니다. 삶의 에너지를 제공하는 자연의 법칙 그리고 우주의 법칙에 반(反)하지 않게 사는 인생이 '오리지널리티 인생'입니다.

그래서 자신만의 독특한 재능(Talent)을 믿어야 합니다. 나의 삶을 주도하고, 의미 있는 인생이 이루어지게 하는 삶의 원칙, 그것을 나만의 오리지널리티에서 찾아야 합니다. 나만의 오리지널리티를 찾기 위해 조금 느리게 살아도 괜찮습니다. 그 느림의 깨달음 속에 인간 각자의 오리지널리티가 숨어 있기 때문입니다.

06

아이덴티티(獨),
퍼스낼리티(性),
크리에이티비티(創)

아이덴티티(Identity, 獨)

아이덴티티가 무엇일까요? '정체성(正體性)'이라는 뜻을 모르는 사람은 없습니다. 그러면 나의 정체는 무엇인가요. 자신에 대한 정의를 정확하게 내릴 수 있는 사람이 얼마나 있을까요.

어두운 밤 홀로 골목길을 걸어갈 때 누구나 무서움을 느낍니다. 자기의식이 있기 때문에 그렇습니다. 그래서 뛰어가기도 하고, 속으로 숫자를 헤어보기도 하고, 옛날의 좋은 추억을 생각하며 무서움을 떨쳐버리려고 부단히 노력해봤을 것입니다. 만약 뒤에서 누군가의 발자국 소리가 들리면 마음은 더욱더 쪼그라듭니다. '나' 혼자이기에 무서움을 느낍니다. 가로등이 환하게 밝혀준다고 해도 무서움을 느낄 수밖에 없습니다.

그 이유는 무엇일까요. 자기 정체성에 대한 확신이 없기 때문입니다. 내가 누구인지에 대한 정확한 의식을 갖고 있지 않기 때문입니다. 정체성에 대한 확신이 없으면 깊은 자기 안정감을 갖기 어렵습니다. 안정감이 없으면 마음은 항상 흔들리고 불안합니다. 그러기에 정체성이 없으면 우리는 정신적인 고아가 됩니다. 강한 정신은 자기 정체성에 대한 확신이 만들어줍니다.

아이텐티티는 '본능(Id)의 실체(Entity)'입니다. 인간 존재의 본질과 항상 맞닿아 있습니다. 이를 위해서는 '나'에 대한 생각이 우선되어야 합니다. 나에 대한 생각이 우선적인 사람은 자신을 소중히 여기며 사는 사람입니다. 나를 소중히 여길수록 자기 자신이나 인류의 발전을 위해 삽니다. 특히 문명이 발달할수록, 전문적인 일을 수행할수록, 재능을 개발하는 것이 개인과 사회 발전의 원동력이 됩니다. 창조적이고 유능한 인간이 되기 위해서는

'나'를 '나'로 인식해야 합니다. 나의 정체성을 명확하게 드러내면, 오히려 주위 사람들은 안심하고 나를 대할 수 있습니다. 나를 '나'로 인식하지 않는 사람과는 관계를 맺을 필요가 없습니다. 나를 소중히 여기는 사람만이 다른 사람을 소중히 여길 수 있기 때문입니다.

모든 것은 '나'로부터 출발합니다. 여러분 모두 자신의 정체성을 찾아야 합니다. 그러려면 항상 자기 내부를 철저히 살펴보고, 그 내부에 숨겨진 원초적 실체를 찾아야 합니다. 자신의 내면에 존재하는 고도의 인식 능력을 찾아야 합니다. 그래야만 자신의 과거나 현재 그리고 미래를 동일하게 생각할 수 있습니다. 이 정체성에 대한 경험이 자기다움을 만듭니다. 자기다움을 절대 고독의 수준으로 끌어올려야 합니다.

가장 안정된 상태가 '절대 고독'입니다. 절대 고독 속에서 나를 넘어서는 '나'를 발견할 수 있습니다. 이것이 각자의 진정한 아이덴티티(獨)입니다.

퍼스낼리티(Personality, 性)

퍼스낼리티의 원뜻은 라틴어의 '페르소나(Persona)'에서 유래되었습니다. 페르소나의 의미는 행동하는 사람의 표면에 나타나지 않는, 이면의 개인적 특성(Actor's face mask)입니다.

퍼스낼리티는 환경에 대한 개인의 반응을 결정하고, 그것을 반영하는 내면의 심리적 특성입니다. 이는 한 개인을 타인과 구별 짓는 차이를 드러나게 합니다. 개개인도 다양한 페르소나를 갖고 있습니다. 겉으로 드러나는 성격은 상황에 따라 변하기에 그림자(Shadow)로 인식해야 합니다. 퍼스낼리티는 사회 환경과 마주치면서 형성되고, 시시각각 변화의 모습을 드러냅니다.

해외여행을 하면서 맞닥뜨리는 낯선 거리에서나, 깊은 산길에서 만나는 모든 사람은 다 다릅니다. 그러면서도 자신과 같은 모습을 지니고 있음을 압니다. 퍼스낼리티는 사람 모두가 다른 성격이지만, 공통의 요소도 분명 있습니다. 공통의 요소가 없다면 다름이란 존재하지 않습니다. 공통 속에서 다른 것이 드러납니다.

날이 저물고 추워지면 닭은 홰대로 올라가고, 오리는 물속으로 들어가고, 인간은 자신만의 움막 속으로 들어 갑니다. 닭과 오리와 인간이 각자 다르게 행동하는 이유 는 무엇일까요? 세상의 모든 생명체는 욕망과 희망, 기 호와 존재 의미가 다르기 때문입니다. 내 희망에 맞춰 상 대를 비판하거나, 나의 뜻대로 그들을 끌어당겨서는 안 됩니다. 내 생각만이 정의가 아닙니다. 모든 생명체(무생 물까지 포함)는 각자가 가진 삶의 의미가 있습니다. 이것 을 존중해야 합니다. '다름에 대한 존중'이 퍼스낼리티의 진정한 뜻입니다.

그러기에 우리는 퍼스낼리티를 통해 우리들 각자가 우 주의 지능이 개체화된 존재임을 인식할 수 있습니다. 그 리고 먼저 깨달은 개인이 다른 개인을 가르칠 수 있는 능 력을 가집니다. 다른 사람을 구원할 능력을 갖게 되는 것 입니다. 개인을 특징 짓는, 지속적이며 일관된 행동 양식이 퍼스낼리티입니다. 퍼스낼리티는 개인적 차이를 이해하는 지름길이고, 이를 이해함으로써 각각 인간의 생존 본능을 이해할 수 있습니다. 그리고 우리는 퍼스낼리티의 발견을 통해 모든 인간과 조화를 이룬 삶을 영위할 수 있는 관점을 획득합니다.

크리에이티비티(Creativity, 創)

크리에이티비티(Creativity, 創)는 창조성을 뜻합니다. 창조성은 인간의 능력 범위를 벗어난 신의 능력으로 알려져 있습니다. 그래서 창조성은 '일반인들이 획득하기가 어렵다'라고 생각하고 지레 겁을 먹습니다. 하지만 이것은 진실이 아닙니다.

크리에이티비티는 인간이라면 누구나 갖고 있습니다. 이 사실을 의심하지 말아야 합니다. 의심하는 순간, 그 능력은 '나'에게서 떠나갑니다. 그렇다고 해서 신이 된다는 말은 아닙니다. 하느님의 세계를 믿는 자만이 이 능력을 갖고 있는 것도 아닙니다. '나'를 믿으라! 그러면 스스로 알게 될 것입니다. 스스로 믿지 않으면 창조성은 사라집니다. 나를 믿는 사람이 가장 위대한 사람입니다. 위대한 사람만이 창조성을 드러낼 수 있습니다. 즉, 우리들 모두 창조성을 드러낼 수 있습니다.

어떻게 하면 창조성을 드러낼 수 있을까요? 내 안에 숨어 있는 능력을 발견하기만 하면 됩니다. 무의식의 세계를 의식의 세계로 떠오르게 하면 됩니다. 창조성은 무한한 능력이고, 절대적인 능력입니다. 그래서 잘 나타나지 않지만 순간적으로 나타나는 것을 경험하곤 합니다. 당신도 어려운 문제에 봉착했을 때, 그날 밤 잠자고 있는 사이 자기도 모르게 드러나지 않았던 능력이 발휘되어 해결할 방법을 스스로 찾은 경험이 있을 것입니다. 바로 그것이 창조성을 드러낸 경험입니다. 잠재 능력이 발휘되는 그 순간, 창조성이 발현되는 그 순간에 나 자신은 사라지고 없습니다. 그래서 크리에이티비티를 '보이

지 않는 신의 영역'이라고 착각합니다. 크리에이티비티
는 당신에게 이미 내재되어 있는 능력입니다.

"

모든 생명체(무생물까지 포함)는
각자가 가진 삶의 의미가 있습니다.
이것을 존중해야 합니다.

'다름에 대한 존중'이
퍼스낼리티의 진정한 뜻입니다.

"

07

상상력은
보이지 않는 진실을 보는 능력

．
．
．

　창조성이란 원초적인 기억을 되살려 마음속으로 이미
지를 떠올리는 과정입니다. 창조성(Creativity, 創)은 아이
덴티티(Identity, 獨)와 퍼스낼리티(Personality, 性)의 결합
속에서 자의식을 촉매로 하여 그 힘이 발휘됩니다. 나(아
이덴티티)와 너(퍼스낼리티)의 만남을 통해 인간이 가진 천
부적인 창조성(크리에이티비티)이 나타납니다. 그리고 창조
성은 인간의 상상력을 자극합니다.

　상상의 세계는 인간을 자유롭게 만듭니다. 자유로운
상상은 전혀 관계없는 것을 상호 연결함으로서 새로운
의미를 만들어냅니다. 인생의 성공은 아이덴티티를 통한
자기 자신의 추진력과, 퍼스낼리티를 통한 사회적 친화
력이 서로 어우러져야 이루어집니다. 개인성과 사회성이

라는 두 가지 요소가 서로 어울려야만 자기 성장을 위한 창조력이 생길 수 있습니다.

창조성을 발휘하기 위해서는 보다 균형 잡힌 삶을 찾아야 합니다. 삶의 균형은 현재의 삶을 어떻게 살아야 하는가에 대한 통찰력을 제공합니다. 균형된 삶은 삶을 보다 여유롭게 즐길 때 형성됩니다. 때때로 우리의 삶은 여러 가지 이유로 외적인 불균형을 맞이하지만, 이와 달리 내적 균형은 항상 유지할 수 있습니다. 이를 위해 우리는 자신을 끊임없이 재창조해야 합니다. 삶의 균형은 우연히 이루어지는 것이 아니라, 오랜 시간에 걸쳐 차곡차곡 쌓인 결과입니다. '균형된 삶'이 창조성을 이루는 핵심입니다.

사람에게는 하루하루가 새로운 삶이자, 재창조의 시기입니다. 과거의 불행과 지금의 고통 속에서도 항상 새로운 창조를 할 수 있기에, 우리는 행복한 미래를 만들 수 있습니다. 삶을 단순하게 하지 않으면 창조성의 여력은 발생하지 않습니다. 단순한 삶은 중요합니다. 균형은 곧

'단순함'입니다. 그러나 단순함을 이루어낸다는 것은 생각보다 어렵습니다. 이를 위해서 우리는 자기 삶이 아닌 것은 과감하게 제거해야 합니다. 나의 삶이 아니면 버려야 합니다. 쉬운 말이지만 실행하기는 어렵습니다. 삶의 정수만을 맛보는, 최소한의 삶을 사는 것이 균형이며 그것이 단순함입니다.

현대의 삶은 옛날의 삶과 같지 않습니다. 옛날에는 외적인 삶은 빈곤했지만, 내적인 삶은 풍요로웠습니다. 즉, 보다 균형적인 삶을 살았습니다. 그렇다고 우리가 과거의 사람이 될 수는 없습니다. 당신은 물질에 있어서도 적은 것에 만족하지 않고, 더 많이 가지려고 합니다. 그 대신 정신에 있어서는 더 이상 채우기를 원하지 않습니다. 당신에게 무엇이 더 올바른 삶일까요.

미래의 키워드는 '상상력'입니다. 상상력이 우리에게 필요한 이유는 '보이지 않는 진실을 보는 능력'이기 때문입니다. 상상력을 가진 사람들이 세상을 이끌어갑니다.

상상력은 미래 사회의 새로운 가치가 됩니다. 보이지 않는 삶과 미래를 이끄는 창조적 안목, 나아가 현실을 변혁할 수 있는 힘이 상상력입니다. 상상력은 무의식 속에 있고, 상상력을 통해 지나간 과거에서 벗어나 끊임없이 새로워지고, 이제까지 없었던 물음과 시각을 낳아 미래의 틀을 만들 수 있습니다.

상상력(Imagination)은 라틴어 'Imaginari'에서 유래되었습니다. 이는 정신적인 그림(Minded picture)을 뜻합니다. 생각(想)한 것을 그려내는(像) 능력(力)입니다. 여기에는 '간절함'이 있어야 합니다. 이 간절한 소망이 상상력을 발휘할 수 있는 에너지가 됩니다. 그리고 간절함은 '몰입의 세계'를 말합니다. 어떤 문제라도 몰입 속에서 자연스런 해결 방법이 생겨납니다. 상상력은 우연히 생기는 것이 아닙니다. 같은 현상을 보더라도 다르게 생각하고, 이를 끊임없이 훈련해야만 나타납니다. 생각과 간절한 소망 속에서 상상력이 태어납니다. 지금 생의 모든 의문점을 간절한 애정과 열정으로 바라볼 때, 비로소 당신의 상상력은 잠을 깨기 시작합니다.

'상상력' 하면 떠오르는 장면이 무엇인가요. 가장 먼저 떠오르는 이야기가 '콜럼버스의 달걀 세우기'가 아닐까요. 이것은 천재만이 생각할 수 있는 능력은 아닙니다. 상식을 깨는 힘이 있으면 누구나 가능합니다. 솔로몬의 지혜도 마찬가지입니다. 운명의 실이 풀어지지 않으면 끊어버리는, 그런 지혜입니다. 상상력은 아이디어이자 인간의 꿈을 실현시키는 도구입니다. 상상을 통해 창조성이 나오는 것이 아니라, 창조성을 통해 상상력이 발휘됩니다. 창조성은 상상력을 통해 다른 것과 차별성을 가진 새로운 아이디어를 탄생시킵니다.

상상(Imagine)하라! 그래야만 당신 속 콜럼버스, 그리고 솔로몬의 지혜(지식)가 발현됩니다.

현대 자본주의 사회에서 부(富)를 좇는 행위가 삶의 필수 요소임은 부인할 수 없습니다. 그런데 사실 우리가 사는 데 필요한 것은 최소한의 음식, 비를 막아줄 집, 몸을 보호할 수 있는 의복, 추위를 피할 수 있는 땔감 정도면 충분합니다. 인간의 정신을 고양시키지 않는 사치스러운 삶은 진정한 안락함을 줄 수 없습니다. 그냥 소비되는 삶입니다.

창조성은 단순한 삶 속에서 창발됩니다. 정신이 배고프지 않으면, 머리는 회전하지 않습니다. 정신의 배고픔을 정신의 허기(虛氣)라고 합니다. 허기는 '비어 있다'는 것입니다. 생각이 회전하면 창조성은 꿈틀거립니다.

당신은 '파블로프의 개'가 아닙니다. 우리 자신의 의지가 마음 깊숙한 곳에서 일어나야 합니다. 의도적으로 자연처럼 살아보아야 합니다. 사회의 흐름에 맞추지 않고, 사회 환경을 떠나 살아보세요. 자연은 끊임없이 평형을 유지하려고 합니다. 우리의 삶도 늘 평형을 유지코자 합니다. 평형을 유지하는 단순한 삶을 살고 싶으면, 우리의 삶에서 무엇을 버려야 하는지 결정해야 합니다. 단순함이 삶의 균형을 이루어주고 마음의 안정감을 가져다 줍니다. 자기를 역동적으로 움직이게 하는 창조성의 힘은 이 시점에서 창발됩니다. 이것이 '창조적 상상력(Creative imagination)'입니다.

창조적 상상력은 당신을 관념의 세계에서 현실의 세계로 나아가게 해줍니다. 구체적인 형태를 가진 실체를 낳을 수 있게 해줍니다. 상상으로 꾸며낸 허구는 사실 이상의 것입니다. 왜냐하면 상상은 창조의 과정이 개입되어 있기 때문입니다. 상상력이 진실을 이룹니다.

우리가 상상력을 가질 수 있는 가장 좋은 방법은 시인(詩人)이 되는 것입니다. 사람들은 시를 통해 '은유(Metaphor)'를 배웁니다. 은유는 과거의 모든 창조적 기억(우주적 패턴)을 되살리는 힘을 가지고 있습니다. 그래서 창조성은 결국 사람들의 상상력을 풍부하게 만듭니다. 당신 마음속에 소용돌이를 일으키는 창조성이 상상력의 세계로 날아가게 만듭니다.

성운이나 원자의 세계에서 알 수 있듯이, 우주 자체는

하나의 거대한 소용돌이입니다. 이 소용돌이에 의한 우주 만물의 생성은 기본적으로 세 개의 중심축이 형성하는 인력권(원심력, 구심력, 중력)에 의한 회전 운동 때문에 유발됩니다. 소용돌이 무늬나 그 현상은 우리 주위에서 흔히 볼 수 있는 고사리, 달팽이 껍데기, 사람의 머릿결, 지문, 작은 회오리바람, 거대한 토네이도 현상, 우주 공간에서 회전하고 있는 성운들의 모습, 불교의 만(卍)자의 모습입니다. 태극기 속에 들어 있는 태극마크 역시 음양이 맞물려 일으키는 소용돌이를 상징합니다.

모든 생물에 유전 정보를 전달하는 생명의 근간인 유전자 DNA도 나선형으로 존재합니다. 인류 최초의 무늬인 소용돌이 무늬가 DNA와 관련되어 있습니다. 우주와 생명의 근원에 소용돌이 모양이 존재하고, 자연계의 소용돌이가 예사롭지 않은 힘이나 의미를 가진 것처럼 우리 마음속의 소용돌이 현상이 창조적 상상력(Creative imagination)을 불러일으킵니다.

이처럼 세 개의 중심축, 아이덴티티(정체성), 퍼스낼리티(개성), 크리에이티비티(창조성)가 삼각형을 이룰 때 비로소 소용돌이 같은 카오스현상이 나타납니다. 상상력은 결코 경계가 없습니다. 항상 서로 상호 보완 관계를 유지합니다.

08

내 마음의 뿌리는
어디에 있는가

·
　·
　 　·

　상상력은 당신에게 무엇을 줄까요? 상상력은 당신의 자아 이미지(Self image)를 만들어줍니다. 이 자아 이미지가 씨앗이 되어 오리지널리티라는 꽃을 피웁니다. 우리의 상상력 속에 자아 이미지의 씨앗이 있습니다. 그리고 자아 이미지는 우리의 잠재 의식 안에서 이루어지는 정신적 과정입니다. 이는 개인의 잠재력을 완전하게 지배하고, 우리 삶의 목적 달성을 촉진하는 역할을 합니다. 그래서 당신은 이미지 씨앗(Image seeds)을 찾아 이를 꽃피우고, 열매를 맺게 해야 합니다.

　그러면 상상력의 세계는 어떻게 이런 일을 가능하게 만들까요? 상상력(Imagination)이란 단어를 나누어보면, '이미지(Image)'와 '나라(Nation)'가 됩니다. 이미지의 나라가 상상력이고, 우리는 상상의 세계에서 나의 이미지(자아 이미지)를 발견해야 합니다. 이미지의 나라는 상상력의 세계에 있고, 그 중심에는 항상 나(I)가 있습니다.

'나'를 통하지 않으면 우리는 나의 이미지를 찾지 못합니다. 그러기에 상상력은 오직 '나'를 통해 나타납니다. 이것이 창조성이 갖고 있는 본질입니다. 창조성을 통해 상상력의 세계에 진입하고, 그 상상의 나라, 이미지의 나라에서 나의 이미지를 발견할 수 있습니다.

이미지는 무엇인가요. 이미지는 '심상(心象)'입니다. 심상이란 마음의 상징(Mind symbol)입니다. 그래서 이미지는 나의 마음과 동일시됩니다. 이미지의 씨앗은 내 마음의 뿌리입니다. 나의 마음을 찾아야 진정한 나를 이해할 수 있습니다. 나를 이해한다는 사실은 내가 나의 성공과 실패, 사랑과 증오, 기쁨과 슬픔의 차이를 구별할 수 있는 능력이 있다는 것을 의미합니다.

진정한 나의 발견은 삶의 위기에서 나를 구해주고, 기

운을 북돋아 삶의 희망을 볼 수 있게 합니다. 나를 이해(Understand)한다는 말은 '나의 의식의 밑바닥(Under)에서(Stand) 있다'는 의미입니다. 즉, '나의 잠재의식, 무의식 속에서 서 있다'는 의미입니다. 나를 찾는 것이 나를 진정으로 이해할 수 있는 가장 좋은 방법입니다. 내가 나를 통해 이미지의 나라에서 나의 이미지 씨앗을 발견하는 순간, 당신은 나를 이해하고 자아실현을 할 수 있는 열차에 몸을 실을 수 있습니다.

자아 이미지를 찾으면, 나를 '진정한 나'로 바꿀 수 있습니다. 내적 변화(In-change)는 우리의 두뇌 속에 각인되어 있는 생각의 틀을 바꿉니다. 이를 통한 내 마음의 상징(Image)으로써 새로운 인생을 시작할 수 있습니다. 이 세상을 진정으로 산다는 것은 이미지의 씨앗을 내 속에서 발견하는 데 있습니다. 이미지 씨앗이 바로 자기 자신이 되어야 합니다. 이미지의 씨앗은 나의 영혼을 조각합니다. 삶의 지혜와 자유로운 꿈을 그리도록 합니다.

우리의 마음속에는 '생명 본능'이 있습니다. 이는 행복과 건강 그리고 나 자신을 위한, 보다 나은 삶을 지향합니다. 생명 본능 속에 창조적 메커니즘과 인간 개개인에 잠재되어 있는 성장 메커니즘이 공존합니다. 새로운 나의 이미지 씨앗을 찾는 행위가 이미 나를 자유롭게 하며, 나의 오리지널리티를 발현하게 만듭니다. 즉, 나의 오리지널리티는 나를 자유롭게 하고, 나의 마음에 각인되고, 그것이 진정하고 독창성 있는 내 삶을 낳게 만드는 동력이 됩니다.

다른 동물과 구별되는 인간의 독특한 성질은 '자의식'과 '자기 성찰 능력'입니다. 자의식과 자기 성찰 능력은 다른 말로 고차원적 의식(High order consciousness)이라 부릅니다.

무의식 속에 무엇이 들어 있는지를 해명하기 위해서는 원칙적으로 그것을 의식적 차원으로 끌어올릴 수 있어야 합니다. 이는 95퍼센트의 인지 과정이 지각되지 않는, 심층 의식에서 이루어집니다. 의식적 사고는 순차적이고

선형적인 과정으로 이루어지고, 무의식적 사고는 동시다발적인 과정으로 이루어집니다.

생각이 무의식적인 자각 상태에 이르기 위해서는 매우 복잡한 무의식적 마음의 근거지로부터 빠져나와야 합니다. 거의 무한대의 조합이 가능한 무의식적 사고의 상태에서 특정한 것이 의식적 차원으로 나오기 위해서는 결정 과정 그 자체가 무의식적으로 일어나야 합니다.

한 인간의 정신 속에서 거의 순식간이라고 할 만큼 빠르게, 그리고 제대로 모양을 갖춘 오리지널리티가 나타나는 신비로운 현상이 이를 잘 설명하고 있습니다. 어제까지도 당신은 그 사람의 이름을 들어본 적이 없었습니다. 다음날 그 사람이 유명 인사가 되었습니다. '하룻밤 자고 나니 유명해졌다'는 것은 결코 진기한 현상이 아닙니다. 오리지널리티의 창발성이 발휘되는 순간에 이 현상은 자연스럽게 일어납니다. 이 모든 메커니즘은 나의 자아 이미지를 찾는 데에서부터 작동됩니다.

09

나를 성장시키는
비전을 찾는 것

'이데아(IDEA)의 세계'는 철학자 플라톤이 처음 이야기한 개념입니다. 이데아 세계는 꿈이고, 희망이며, 행복입니다. 이데아를 통해 우리는 각자 자아실현을 합니다. 이데아는 나의 비전(Vision)이고, 이 비전이 나의 지속적인 성장을 이끄는 원동력입니다. 삶의 지속성은 자아실현을 넘어, 또 다른 삶의 세계로 나아가는 것을 말합니다.

오리지널리티(독창성)는 나를 이데아의 세계로 이끄는 유일한 길입니다. 그 길은 바로 내가 나의 창조자가 되는 것입니다. 오리지널리티의 발현을 통해 우리의 삶은 이상적인 방향을 안내받습니다. 그것이 부든, 명예든, 권력이든, 그 무엇이든 간에 오리지널리티는 우리 각자 인생의 궁극적인 목표에 도달하게 해줍니다.

인생의 궁극적인 목표, 그 마지막 정상에서 당신은 무엇을 느낄까요? 별것 없을 지도 모릅니다. 하지만 정상 위에서 당신은 또 다른 삶의 세계를 찾을 수 있습니다. 새로운 삶의 세계가 스스로 나타납니다. 자기가 진정으로 살고 싶은 생의 비전을 보여줍니다. 그리고 그 끝에 행복이 서 있습니다.

행복이라는 것은 정적이지 않습니다. 동적인 충만함이 늘 일어나야만 행복을 느낄 수 있습니다. 실제로 살아감은 끝없는 전진이 아니던가요. 후회 없이 살아가는 것 아니던가요. 삶은 불교에서 말하듯 종횡무진으로 밀고 나가는 것입니다. 나의 몸이 가루가 되고, 나의 마음이 닳아 없어지고, 나의 영혼이 이 지구에서 떠난다 할지라도 생의 의미는 지속되어야 합니다. 우리의 비극은 바로 여기에서 발생합니다. 정상에 도달했다 할지라도 그곳이 길의 끝이 아님을 알게 되기 때문입니다.

그러면 사람에게 있어 '행복'이란 무엇일까요? 많이 가진다고 해서 행복해지는 것은 아닙니다. 높이 오른다고 해서 그것 또한 행복해지는 길은 아닙니다. 남이 가지지 못한 걸 가졌을 때, 남보다 많이 가졌을 때 행복을 느꼈다 해도 그것은 '순간'입니다. 남보다 높이 오르고, 남이 오르지 못한 곳을 올랐을 때 느끼는 행복은 짧습니다.

언제나 행복은 '아, 이것이 행복이구나' 하고 스스로에게 속삭였던 때처럼, 나의 평화 속에 있습니다. 그래서 우리는 늘 평화로 가득한 마음을 이어가기 위해 노력해야 합니다. 그 평화가 남들에게도 이웃에게도 전염이 되는, 그 아름다운 날들을 이어가야 합니다. 우리는 평화로울 때 가장 깊고 긴 행복을 느낄 수 있습니다.

행복의 원칙 중 하나는 어떤 일에 '희망'을 가지는 것입니다. 얼마나 오래 사느냐 보다 얼마나 행복하게 잘 사느냐에 대한 관심이 높아지고 있습니다. 자신이 갖고 있는 많은 모습을 발견하기 위해서는 좋은 경험을 많이 해야 합니다. 이데아의 세계를 직접 보기 위해, 죽음이 무엇인지 알아야 합니다. 죽음을 알아야만 사랑과 행복의 소중함을 깨우치게 됩니다.

우리는 죽음을 일컬어 '돌아가셨다'라고 합니다. '돌아가셨다'는 말은 즉, '돌아간다'는 말입니다. 우리는 세상에 무엇을 남기고 돌아갈까요. 사람이 산다는 것은 무엇일까요. 어떤 생각을 가졌든, 어떤 종교를 가졌든, 철학이 무엇이든 간에 우리는 행복을 이 세상에 남기고 돌아가는 것입니다. 어디로 돌아갈까요. 우주로, 무(無)의 세계로, 없음의 세계로 돌아갑니다.

당신이 매일 죽음을 생각한다면, 그리고 돌아간다는 것의 의미를 생각한다면 세상의 모든 일을 큰 다툼 없이, 마치 일상생활에서 늘상 일어나는 일처럼 서로 이해하고 돌아갈 수 있지 않을까요.

행복이란 가능성을 현실로 바꾸어줍니다. 핑계와 게으름은 우리로 하여금 '하지 않는 것'을 '못하는 것'으로 착각하게 만듭니다. 갓난아이는 말을 못하기에 무엇을 원하는지 모르지만, 어머니는 거의 알 수 있습니다. 간절한 눈빛으로 아이의 마음을 읽으려는 어머니의 사랑 때문에 가능한 일입니다. 이것이 '이심전심(以心傳心)의 경지'입니다. 이심전심이 우리의 삶을 이끌어갈 때, 우리는 항상 행복한 마음을 가집니다. 이심전심으로 나를 사랑하는 것이 세상을 사랑하는 것이고, 이것이 나를 성장시키는 원동력이 되어 나의 비전을 찾게 해줍니다.

궁극적인 행복이란 '충만한 느낌'입니다. 나의 비전, 나의 오리지널리티를 찾음으로써 우리는 이데아의 세계로 발을 들여놓을 수 있습니다. 그리고 이데아의 세계에서 또 다른 세상의 기쁨을 느낄 수 있으므로 우리의 삶도 더욱 충만해집니다.

이데아의 세계는 우리의 꿈, 행복, 희망, 자아실현의 아이디어(Idea, 이데아)를 현실화시키는 세상입니다. 나만의 오리지널리티가 세상을 움직인다는 것은 결국 나의 오리지널리티를 통해 이데아의 세계에 도달할 수 있다는 의미입니다. 진정한 삶의 아이디어는 나를 죽임으로써 드러납니다. 보이는 나를 죽임으로써 보이지 않는 나를 찾는 것이 생(Life)의 아이디어입니다. 이 아이디어가 현실의 삶에서 목표로써 달성이 되었을 때, 우리는 비로소 행복을 느낄 수 있습니다.

보이지 않는 나를 찾는 것이 나의 오리지널리티입니다. 오리지널리티의 발현을 통해 최종적인 인생의 목적인 이데아(행복, 꿈, 희망, 자아실현) 세계를 닦아갈 수 있고, 이로써 모든 성취가 이루어집니다. 다음 그림을 보면서 설명해보겠습니다.

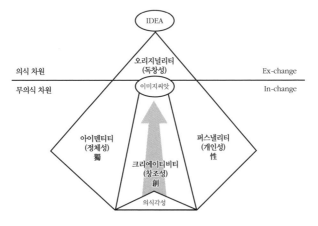

첫 출발점은 내적 의식의 변화(In-change)입니다. 그것이 아이덴티티, 퍼스낼리티, 크리에이티비티 세 가지 방향 어디에서 시작되어도 상관은 없습니다. 창조성이 상상력을 발휘하기 위해서, 그를 통해 이미지의 씨앗(자아 이미지, 자기의식)을 찾기 위해서는 정체성과 개인성의 조화 과정이 필요합니다. 그래야만 의식의 변화가 이루어지고, 의식 변화를 통해 소용돌이치는 에너지의 힘을 가짐으로써 상상력이 일어납니다.

상상력의 세계로 들어가지 못하면, 오리지널리티의 발현에 있어 중요한 나의 이미지 씨앗도 발견할 수 없음을 명심해야 합니다. 이미지의 씨앗이 자라나 꽃(오리지널리티)이 핍니다. 그 꽃이 열매가 되었을 때, 당신은 이데아의 세계로 갈 수 있습니다. 보이지 않는 생의 비밀을 얻게 되고 생의 정점에 이르게 됩니다. 생의 정점에 이른 우리들의 넋을 기념하며, 우리는 다시 시작해야 합니다. 새롭게 태어남은 오리지널리티가 삶의 이데아에 도착했을 때 이루어집니다. 몸은 그대로이나, 나의 마음, 나의 정신은 새로움을 맞이합니다. 이것이 끝이 아님을 알게 됩니다. 그래서 좌절하지 않습니다. 생의 정점에서 흘리는 기쁨의 눈물은 생의 가장 아름다운 눈물입니다. 공자는 생의 정점에서 "오늘 아침에 기쁨의 눈물을 흘릴 수 있다면 저녁에 죽어도 좋다."라고 이야기했습니다.

'나'의 오리지널리티를 찾고, 나의 생의 목표, 나의 이데아가 내 마음속에 품어졌다고 하여 완전히 끝난 것이 아닙니다. 이제부터가 진짜 시작입니다. 오리지널리티를 통해 삶의 최정상에 당신이 존재한다 할지라도, 자만하지 말아야 합니다. 깨달음의 뒤에는 보다 더 큰 깨달음이 존재함을 잊지 말아야 합니다. 이것이 끝이 아닙니다. 인간이 이 우주에 존재하는 한 끝(End)은 없습니다. 그곳이 마지막이 아닙니다. 현실의 삶이 끝나면(죽음이 오면) 끝이 아니라 다시 태초의 세계, 무의 세계로 돌아가는 것입니다. 본래 자리로의 귀환(歸還)입니다.

그래서 '나'의 오리지널리티를 지속시키기 위해서 '나'는 또 다시 나를 창조하는 여행을 계속해야 합니다.

10

내 삶의 동기를 찾는
세 가지 방법

현재와 미래 사회에서 세계적 기업이나 인류가 지속적으로 살아남기 위해 가장 중요한 키워드로 떠오르는 것이 '창의력', '혁신적 아이디어', '상상력' 입니다. 이 키워드는 메가 트렌드를 이끄는 원동력이기도 합니다. 창조적인 이 키워드들의 원천은 어디에서 비롯되었을까요? 이를 쉽게 이해하기 위해서는 원인(Cause), 즉 결과를 일으키는 원동력이 무엇인지 알아야 합니다. 이 원천은 우리 내부 밑바닥에 존재하는 무의식의 세계 속에 있습니다. 특히 무의식으로의 여행은 소외되어 고통 받는 사람, 어쩔 수 없는 극한 상황에 처한 사람(어릴 적부터 고생한 사람, 죽음의 문턱에서 다시 돌아온 사람)들에게 더욱 쉽습니다. 생존의 근거에서 출발하여 내부로 접근하는 것이 내면 여행(자기 자신에 대한 여행)이기 때문입니다. 그렇다면 우리는 어떻게 무의식으로의 여행을 떠날 수 있을까요?

첫째, 일기를 써라

무의식으로의 내면 여행을 훨씬 더 쉽게 만드는 경험과 습관들이 있습니다. 어린 시절, 방학이면 어김없이 해야 하는 단골 숙제가 무엇이었나요? 바로 '일기 쓰기'입니다. 일기 쓰기는 하루 동안 발생한 사건들에 대해 자기 느낌을 쓰는 행위로, 자기 자신의 내부를 들여다볼 수 있게 합니다. 그리고 이는 오리지널리티를 발견하기 위한 중요한 습관입니다.

일기를 쓰는 행위 속에는 자기반성과 하루에 벌어진 사건들에 대한 분석, 자기감정이 얽혀 있습니다. 일기는 위안이자 치유이고 영원과 내면과의 대화입니다. 인간은 자기 내면(또 하나의 나)과 싸우고 세상과 싸우면서 생각을 발전시킵니다. 그 생각의 발전 속에서 자기 마음의 진실을 알게 됩니다. 그래서 일기를 쓰면 생각이 자라납니다.

둘째, 삶의 동기를 찾아라

모든 인생의 문제는 내 마음에서부터 시작됩니다. 음악도 듣지 말고, 텔레비전도 보지 말고, 컴퓨터도 하지 말고, 다른 사람과 대화도 하지 말고, 오직 내 마음속에서 우러나오는 소리에만 집중해보세요. 내 마음이 숨 쉬는 소리를 들으면, 내면에서 소리가 잔잔히 울려 퍼지기 시작하고 나와의 대화가 마음속에서 일어납니다. 내가 잠시 잊고 있었던 인생의 목표를 다시금 알게 됩니다.

사람의 마음은 한 번에 한 가지만 생각할 수 있습니다. 일반적으로 정신병 환자들은 한 순간에 두 가지 이상을 생각하는 사람들입니다. 그래서 횡설수설합니다. 내 삶의 '동기' 한 가지만 열심히 생각해보세요.

과거에는 무엇이 되고 싶었는지를 알기 위해 어릴 적 일기를 보는 것도 좋습니다. 기억을 거슬러 올라가 행복한 시절이 있었다면 그 이유가 무엇인지를 알아보세요. 행복했던 사건을 보다 구체화시키고, 좋았던 기억들의 조각을 맞춰보세요. 과거의 장면들이 주마등처럼 흘러가면서 입가에 미소가 번질 것입니다. 기억을 더듬어 행복한 순간을 느낄 수 있다면, 우리는 거기에서 삶의 에너지와 동기를 얻을 수 있습니다.

지나간 세월을 치유하면 마음의 상처가 회복됩니다. 현재 내 삶의 동기를 즐기려면, 먼저 나를 붙들고 있는 과거의 아픔을 제거해야 합니다. 과거를 버림으로써 현재의 자유를 얻고, 미래를 향해 달릴 수 있습니다.

당신은 행복하게 살고 싶어 합니다. 당신의 삶의 동기가 잘못되지 않았음을 성찰해야만 행복을 꿈꿀 수 있습니다. 그러면 평안한 삶, 고통 받지 않는 삶에 대한 동경이 일어납니다. 삶의 정당성을 회복하고 싶어 합니다. 내삶의 동기를 재평가하고 나의 능력과 양심에 맞게 삶을 이끌 방향을 올바르게 수립하게 됩니다. 내 삶의 동기를 생각하고, 그것이 내면의 무의식과 한 방향을 이루고 있음을 깨달아야 합니다.

셋째, 타인과 내 생각을 교감하라

삶의 동기를 알았다면 다른 사람, 특히 가족이나 친구에게 솔직하게 고백해야 합니다. 타인에게 내 생각을 접속시키고 관계를 맺어야 합니다. 일상 속에서 나의 위대함을 실현하기 위해서는 다른 사람과의 상호 작용이 절실히 필요합니다.

병아리가 알에서 나오려면 부리로 알 내부를 쪼아야 합니다. 병아리의 힘으로는 알을 깨기가 쉽지 않기 때문에 그 소리를 알아듣고 어미 닭은 알 바깥에서 함께 쪼아줍니다. 하지만 어미는 작은 도움을 줄 뿐입니다. 알을 깨고 나오는 건 병아리 자신입니다. 다른 사람과의 상호 작용은 어미 닭 역할을 해주지만, 병아리처럼 스스로 배우고 깨닫고 자기 몫을 찾아 잠재력을 실현해야만 각성이 이루어집니다.

내가 생각한 나의 꿈과 행복, 나아가 나의 자아실현은 허상이 아닙니다. 그래서 나의 마음속에 그 생각이 각인되도록, 당신의 육감이 올바르다는 사실을 이해하도록 타인과 생각을 나누어야 합니다. 우리 삶의 방향은 일직선이 아니라 지그재그로 움직입니다. 그래서 범위의 한계를 그어놓지 말아야 합니다.

우주의 끝을 향한 여행에서 중간에 낙오자가 되지 않기 위해서는 '첫 시작'이 중요합니다. 첫 시작의 미세한 차이가 우주의 끝에서는 다가갈 수 없는 차이를 만듭니다. 아주 사소한 생각이라도 객관적인 시각 속에서 가치를 인식하도록 다른 사람과 공유해야 합니다.

젊은 나이에는 모든 일을 스스로 결정해야 한다고 생각하게 마련입니다. 젊었을 때 무슨 일이든 스스로 결정하지 않으면 인생에서 패배감이 드는데, 실제로 혼자 결정할 수 있는 일은 아무것도 없습니다. 다른 사람과의 대화를 통해 생각을 나눠야 합니다. 커뮤니케이션(Communication)은 함께(Com) 교감(Munication)하는 일입니다. 다른 사람과 생각을 나누다 보면, 나의 무의식적 본성에 대한 다른 깨달음이 생겨납니다.

"

지나간 세월을 치유하면
마음의 상처가 회복됩니다.

현재 내 삶의 동기를 즐기려면,
먼저 나를 붙들고 있는
과거의 아픔을 제거해야 합니다.
과거를 버림으로써 현재의 자유를 얻고,
미래를 향해 달릴 수 있습니다.

"

11

무한한 잠재력을 이끄는
자각의 힘

．
．
．

　예수가 광야에서 머무른 다음 세속의 현장, 즉 사람이 사는 세상으로 오면서 한 첫 번째 일성(一聲)은 무엇일까요? "회개하라, 하늘나라가 가까이 왔다!"였습니다. 그런데 무엇을 회개하라는 말일까요? '잘못을 회개하라'는 뜻일까요? 그런데 만약 잘못이 없다면 어떻게 해야 하나요? 회개의 의미는 잘못을 뉘우치라는 것이 아닙니다. 이는 바로 회개를 통해 하늘나라를 볼 수 있는 깨달음을 주겠다는 말입니다. '회개(Metanoia)하라'는 뜻은 '너희의 의식을 변화시켜라'입니다. 그러면 너희 안에 하늘나라가 있음을 알게 된다고 이야기한 것입니다. 즉, '자각(自覺)'에 대한 이야기입니다.

　자각은 '자기 각성'입니다. 각성은 가장 깊은 내면으로부터 이루어지는 의식 변화입니다. 매일매일 일어나는 사소한 변화가 커다란 변화를 가져온다는 사실을 인식하는 것입니다. 이를 통해 인간의 사고가 근본적으로 바뀝니다. 의식 변화를 통해 새로운 세상을 보게 되는 깨우침의 경험을 해야 합니다. 의식 변화는 우리의 두뇌 감각을 키웁니다. 자각이 이루어지면 자기 의식의 깨우침이 원동력이 되어 자기 속에서 하늘나라를 찾아가는, 즉 하늘나라를 영접하는 결과를 이루어냅니다.

자각은 자기 자신의 믿음 속에 존재합니다. 그 자각이 무한한 잠재의식을 깨웁니다. 이 의식 각성은 아이덴티티와 퍼스낼리티의 결합에 의해 일어납니다. 개인성의 본질인 아이덴티티와 사회성의 본질인 퍼스낼리티가 균형(Balance)을 이루어 결합되었을 때, 에너지 넘치는 창조성이 발생됩니다. 균형보다는 조화(Harmony)라는 말이 더 어울립니다. 아이덴티티와 퍼스낼리티가 만나는 곳에서 창조성이 상상력을 통해 발휘되고, 이를 시발점으로 오리지널리티가 촉발됩니다.

두뇌 감각을 깨우는 순간, 잠자고 있는 의식이 껍질을 부수고 현실 세계(의식 세계)로 부상하고, 그 힘이 오리지널리티를 형성합니다. 상상력의 힘이 우리를 덮고 있는 견고한 나만의 세계를 부수면서 '새로운 나'를 만드는 자아 이미지(Self image)가 발아됩니다.

그것이 자라나 '나만의 오리지널리티'를 꽃피웁니다. 그래서 오리지널리티를 촉발시키는 의식 각성, 자각의 창발이 일어나야 자신의 내면이 변화합니다. 이 의식 각성이 우리의 내면을 변화시키는 힘의 실체입니다. 그럼 이제 의식 각성을 일으키는 다섯 가지 동인(動因)을 살펴보겠습니다.

첫째, 고정 관념에서 벗어나라

고정 관념이란 무엇일까요? 우리의 운명을 좌우하는 승부처가 바로 고정 관념에 있습니다. 좋은 고정 관념이라면 벗어날 필요가 없습니다. 진실한 고정 관념이라면 버릴 필요가 없습니다. 그러나 고정 관념(습관)을 바꾸는 것만으로도 자신의 인생을 바꿀 수 있습니다. 보다 편한 삶의 습관을 익히기만 하면, 생의 문제는 훨씬 쉽게 풀립니다.

삶의 방식과 반응(Reaction)이라는 낡은 습관을 '전망(Perspective)'이라는 새로운 습관으로 바꿔보세요. 사소한 관습에 얽매이지 마세요. 그래야만 어떤 문제에 봉착하든 그 문제와 싸우지 않습니다. 싸우지 않고 해결하는 방법은 먼저 '고정 관념을 버리는 것'입니다. 고정 관념을 가지고 문제를 해결하려면 격렬하게 싸울 수밖에 없습니다. 하지만 모든 문제는 자연스럽게 내버려두면 물 흐르듯 흘러갈 것입니다. 그 새로운 흐름에 따르는 것만이 습관을 바꾸고, 고정 관념에서 벗어날 수 있습니다.

나 자신을 관찰해보세요. 나는 누구인가, 나의 존재 의미는 도대체 무엇인가, 나는 이 세상에서 무슨 의미가 있을까, 나의 성격은 세상 사람들과 거리낌 없이 웃으면서 어울릴 수 있는가를 직관적으로 살펴보세요. 나를 나답게 하는 것이 무엇인지를 찾아보세요. 나의 모든 습관은 나를 둘러싼 환경에 의해 나도 모르게 형성되었음을 느껴야 합니다. 자발적으로 형성된 습관이라면 더욱 괜찮습니다. 그렇지 않다면 기존 습관부터 버려야 합니다. 그 습관은 진정 나의 습관이 아닙니다. 몇십 년 동안 굳어져 콘크리트보다 단단해진 나의 사고와 생각, 의식을 어떻게 바꿀 수 있을까요. 당연히 쉬운 일이 아닙니다.

단단하게 굳어진 나의 사고와 생각, 의식을 바꿀 수 있는 가장 좋은 방법은 '과거의 기억을 사라지게 하는 것'입니다. 새로움이 들어올 수 있도록 나의 기억과 두뇌를 깨끗하게 정리해보세요. 완전히 정리된 이 상태를 리셋(Reset)이라고 합니다. 리셋된 상태에서 자기를 중심에 놓고, 과거의 문제들을 새롭게 인식해야 합니다. 나의 기억을 새롭게 하는 작업(Renewal)이 필요합니다. 그렇게 하려면 모든 것에 대한 전면 부정이 시작되어야 합니다. 자기를 잊어버리고, 나는 '나'가 아니라는 생각을 해보고, 콤플렉스와 상처, 억압과 우울의 쓰레기 더미를 청소해야 합니다.

나에 대한 전면 부정은 일순간 나를 미치게 만들 것입니다. '현재의 나'를 사라지게 해보세요. 기존의 나를 내버리지 않으면, 나는 다시 태어날 수 없습니다. 삶에 대해 완전히 새로운 태도가 생기고, 나의 전체가 궁극적으로 변화를 일으키는 의식 변화의 체험이 일어나야 합니다. 내가 갖고 있는 모든 생각을 버리세요. 텅 빈 머릿속이 오히려 좋습니다. 비운다고 완전히 비워지지 않는다는 사실을 알 때까지 비워버려야 합니다.

이는 곧 나를 재창조(Re-creation)하는 일입니다. 그리고 재창조는 즐거운 놀이의 개념이어야 합니다. 즉, 재창조는 '레크리에이션(Recreation)'입니다. 레크리에이션이 되면 고정 관념에 벗어날 수 있습니다. 새로운 자기의식이 채워지기 시작합니다. 의식 각성이 시작됩니다. 의식 각성이 시작되면 '나 스스로를 변화시키는 것은 세상을 바꾸는 것과 동일하다'는 진리를 마음속 깊이 진심으로 느끼게 됩니다.

둘째, 두뇌를 혹사시켜라

인간이 이 세상에 존재하는 모든 자연물 중에서 으뜸이 될 수 있었던 비결은 '두뇌의 진화'에 있습니다. 그래서 모든 비밀은 두뇌 속에 있습니다. 인간이 인간으로서 가치가 있는 이유는 두뇌에서 행해지는 고도의 의식 때문입니다. 두뇌는 '정신'입니다. 두뇌는 인간 전부를 통제하는 중심입니다. 두뇌가 우리의 모든 행동을 결정합니다. 그래서 의식 각성(자각)의 원천은 두뇌에 있습니다.

두뇌가 가진 비밀스러운 힘을 발휘하기 위해서는 두뇌를 혹사시켜야 합니다. 즉, 생각을 혹사(Think hard)시켜야 합니다. 머리가 터지도록 고민해야 합니다. 고민의 문제는 어떤 것이라도 관계없지만, 원초적인 주제인 '왜 인간은 태어났을까?', '왜 살까?', '삶이란 무엇인가?' 등의 근원적인 질문을 던지는 것이 우선순위입니다. 근원적인 질문이 세상을 사는 데 현실적으로 도움이 되지 않는다고 해도, 이것이 두뇌를 혹사시키는 가장 빠른 방법입니다. 세상살이의 모든 문제는 원점에서 마주칩니다. 두뇌를 혹사시킨다고 해서 우리의 머리가 터져나가지는 않습니다. 죽을 염려는 더더욱 없습니다. 두뇌를 혹사시키는 것의 진정한 의미는 '생각의 한계를 돌파하자'입니다.

두뇌를 구성하는 부분은 끊임없이 변화합니다. 주변 환경에 의해 좌우되기도 합니다. 각 부분의 역할은 인간의 진화 과정과 관계가 있지만, 부분이 아닌 전체적으로 두뇌의 흐름을 생의 목적에 맞게 변화시킬 수 있습니다. 죽을 때까지 우리가 사용하는 뇌세포는 2퍼센트도 채 되지 않습니다. 그래서 두뇌를 100퍼센트 활성화시키면, 신의 영역을 넘어 보이지 않는 인간 존재의 비밀을 밝혀낼 수 있습니다.

두뇌가 생각을 하려면 먼저 생각의 자료를 입력시켜야 합니다. 주제에 맞게 질 높은 데이터를 제공하고 데이터의 양을 높여 두뇌 속으로 밀어 넣어야 합니다. 그러면 두뇌는 스스로 생각합니다. 두뇌 속으로 계속 밀어 넣어도 머리가 아프지 않다면, 아직 데이터가 부족한 것입니다. 그러면 정보를 또 입력시켜야 합니다. 이렇게 계속 반복을 하다 보면, 어느 순간 머리가 터져 나갈 듯한 고통을 느끼게 됩니다.

그러면 혼돈(Chaos)이 시작됩니다. 생각이 복잡해지면서 아무런 생각이 일어나지 않는, 무질서의 공간 속으로 들어갑니다. 혼돈의 어둠 속으로 우리의 의식은 빨려 들어갑니다. 그 어둠은 블랙홀(Black hole)과 같습니다. 주변의 모든 의식을 흡수하는 무시무시한 공간 속으로 나의 전부가 빨려 들어가는 듯한 느낌에 온몸은 오싹해집니다. 무섭고 두렵습니다.

우리는 머리가 터질 듯이 아프면 생각을 그칩니다. 그때 멀리 떠나고 싶은 충동을 느낍니다. 모든 생각을 버리고 싶기 때문입니다. 그 순간에 우리는 두뇌에게 휴식 기간을 주어야 합니다. 모든 것을 잊어버리고 아무 생각이 없이, 정처 없이 헤매일 것입니다. 그래서 3일 정도가 지나면 힘이 빠진 온몸은 느슨해지고, 긴장도 사라지게 됩니다.

이 순간에 언뜻 뭔가 스치고 지나가는 바람처럼 새로운 생각이 일어납니다. 혼돈의 어두운 터널을 지나 빛을 봅니다. 그 빛은 희망이고, 비로소 혼돈은 질서를 봅니다. 바로 화이트홀(White hole)로 빠져나오는 나 자신을 보는 것입니다. 뇌 호흡이나 단전 호흡, 명상 수행을 하면 이 효과가 빨리 일어납니다. 이 순간 나의 자의식은 새롭게 깨어납니다. 이것이 의식 각성입니다.

혼돈과 질서는 동전의 앞뒷면과 같습니다. 영원히 만나지 못할 것 같은 혼돈과 질서는 태초부터 한 몸입니다. 혼돈적 질서, 즉 카오스모스(Chaosmos)입니다. 두뇌를 혹사시킴으로써 두뇌가 돌연변이를 일으키는 순간, 모든 일은 스스로 해결됩니다. 나 자신도 모르게 해결이 되어 있습니다. 어떻게 해결되었는지 알 수 없습니다. 그 속에서 나와 또 다른 나, 이편과 저편을 넘나드는 나를 알아챌 뿐입니다. 의식의 각성을 통해 두뇌를 움직이면 그 속에 또 다른 생성의 탄생, 즉 창조성의 비밀과 힘을 느낄 수 있습니다.

셋째, 유레카를 탄생시켜라

'유레카(Eureka)'는 아르키메데스의 목욕탕 사건에서 유래한 말입니다. 목욕탕에서 연구소까지 벌거벗고 뛰어 나간 그 일입니다. 문제의 해결책이 순간적으로 떠오른 섬광 같은 순간을 붙잡기 위해서는 어쩔 수 없었을 것입니다. 그는 자신이 벌거숭이인 줄도 몰랐습니다. 남의 시선을 느낄 만한 의식은 없습니다. 오직 그 하나만의 의식을 붙잡기 위해서 정신없이 달려 나간 것 뿐입니다.

유레카는 순간의 통찰력이고, 통찰은 그 순간을 놓치

면 우리의 의식 속에 살아 있지 못하고 사라집니다. 생생한 느낌 그대로 실마리를 풀 수 있는 섬광을 머릿속에 담아두기 위해서 아르키메데스는 쏜살같이 달려야 했습니다. 달리면서 그는 의식의 실마리를 놓치지는 않을까 하며 얼마나 두려워했을까요.

왕관의 진실을 파헤치지 못하면 죽을 목숨이기에, 죽지 않기 위해서는 안간힘을 쓸 수밖에 없었을 것입니다. 절벽 위에 몸을 세우고 가느다란 바람이 불면 곧장 떨어져 죽을 수 있는 압박(스트레스) 속에서 아르키메데스는 해결의 실마리를 붙잡았습니다. 기존의 경험과 지식을 통달하고도 풀리지 않는 세상의 문제는 수없이 많습니다. 삶의 유일한 유한성은 '죽음'입니다. 경험과 지식, 그리고 죽음이 결합될 때, 유레카가 발생합니다. 기존 지식의 실험 결과와 죽음에 대한 의식은 유레카를 낳는 전제조건입니다.

아르키메데스처럼 치열하게 미칠 듯이 어떤 문제를 풀기 위해 몰입을 해본 적이 있나요? 여러분은 죽음보다 더한 삶을 생각해본 적이 있습니까? 아르키메데스가 발견한 해결점의 씨앗은 무엇이었나요. 단지 물이 꽉 찬 목욕탕 속에 자신의 몸을 밀어 넣자 물이 넘친 것 밖에 더 있나요. 어제도 목욕탕 물은 넘치지 않았나요. 어제와 오늘 사이에 달라진 것은 '의식 각성이 극에 달했다는 사실'뿐입니다. 죽음의 시간이 다가오기 때문입니다. 의식의 극한에서 발생한 자연적인 사건을 보고 아르키메데스는 소리쳤습니다.

유레카!
내 생명을 살린 유레카!
내 생명을 살린 기쁨과 환희!

의식의 극한 속에 우리가 찾는 답이 있습니다. 궁극에 이르면 모든 사물은 변화의 모습을 보여줍니다. 언제나 변하고 있었는데 보지 못한 것뿐입니다. 목욕탕 물이 넘치는 것은 자연스러운 현상입니다. 그렇기에 세상의 모든 해답은 자연 속에 있습니다. 하지만 자연도 그 스스로 노력하지 않으면 속을 보여주지 않습니다. 그래서 하늘은 스스로 돕는 자를 돕습니다.

의식 각성도 마찬가지입니다. 이 세상에 풀지 못한 문제는 많지만 풀리지 않을 문제는 없습니다. 질문을 연속적으로 의식의 한계까지 밀어 올리면, 해답은 자연스럽게 나옵니다. 이 사실을 깨달을 때 '나'에 대한 자각이 이루어집니다. 무의식의 세계는 모든 것과 통(通)하여 있습니다. 모든 현상의 본질은 서로 커뮤니케이션하고 있습니다. 세상의 모든 사건은 이미 세상 속에서 서로의 피부를 맞대고 공존하고 있습니다. 두려워하지 말고 목숨을 걸고 노력하면 의식의 변화가 일어나고, 변화는 모든 것들의 문제를 스스로 해결해줍니다. 유레카의 탄생은 나를 '나'로 만듭니다.

넷째, 숨소리를 의식하며 호흡하라

인간은 숨을 쉬지 않으면 죽습니다. 숨을 쉬지 않고 살아 있는 인간은 없습니다. 자신의 숨소리를 들은 적이 있나요. 진실로 자신의 숨소리를 들었나요. 우리는 대개 타인의 숨소리는 듣지만 자신의 숨소리는 제대로 듣지 않고 살아갑니다. 죽음의 직전에 처한다면 자신의 숨소리가 너무나 크게 들릴 것입니다. 자기의 숨소리를 의식하면서 호흡하라는 것은 자의식에 대한 철저한 인식을 가지라는 말입니다. 내가 나를 모르면서, 내가 어떻게 될지 알 수 있을까요? 나 자신에 대한 철저한 자아 분석을 하라는 의미입니다.

숨소리는 살아 있음에 대한 증거입니다. 숨은 생명의 호흡입니다. 숨소리를 통해 나는 나를 비로소 의식합니다. 생활 속에서 먹고살기도 바쁜데 그런 한가한 소리를 하냐고 하겠지만, 숨을 쉬는 것은 먹고살기 위한 기초적 행위입니다. 숨을 쉬지 못하면 먹고살 수 없습니다. 잘 먹고 잘 사는 것은 숨소리를 듣는 일보다 더 어렵습니다.

이제부터 자신의 숨소리를 들어보세요. 자기 숨소리를 의식하면 죽음에 대한 의식이 생겨납니다. 죽음은 의외로 우리 가까이에 있습니다. 언젠가는 반드시 닥쳐올 죽음의 순간에, 의식은 자기 숨소리를 스스로 기억합니다. 세상의 다른 소리를 차단시키고 오직 자신의 숨소리만 들어보세요. 생명의 환희를 느껴보세요. 자신과의 일체감을 느껴보세요. 한숨 쉬며 살지 말고, 끊임없이 숨쉬고 있는 나 자신을 느껴보세요.

'지금 이 순간의 호흡을 느껴라!' 이것이 창조적 에너지를 사용할 수 있는 능력을 제공합니다. 그래야만 주도적인 삶을 살 수 있고, 삶의 가치를 높여주는 의미 있는 목표를 향해 방향키를 고정시킬 수 있으며, 영원한 삶을 추구할 수 있습니다. 나 자신에 대한 의식 각성이 이루어짐으로써 내 인생의 목적에 맞는, 나만의 위대한 삶을 살게 됩니다. 자의식을 찾게 됩니다. 자기의 생명을 의식하면서 호흡을 할 때, 비로소 나는 내 생명의 역동성을 알 수 있습니다.

'자신을 심심(心心)하도록 만들어라. 하루에 몇 분이라도 나를 그냥 내버려두라. 내 생각과 감정에 따라가기만 하라.' 이처럼 아무것도 하지 않는 것의 아름다움은 마음을 깨끗하게 비우고 긴장을 푸는 방법을 가르쳐줍니다. 바쁜 일상에서 벗어나 자기만의 휴식을 취하는 일만으로도 나를 의식할 수 있습니다. 자신의 마음에 휴식을 허락할 때, 마음은 더욱 강하고 예리하게 집중하고 창조적으로 변합니다.

심심하게 나를 내버려두면, 내 마음과 우주의 마음이 만납니다. 나의 숨소리를 정확히 들을 수 있다면 양심(良心, 좋은 마음)이 조용히 일어납니다. 누구나 양심의 소리(心語)를 들을 수 있을 때 의식 변화가 일어나고, 자신만의 진정한 능력을 깨닫게 됩니다.

다섯, 삶과 죽음의 경계선에 서라

미리 예측하지 못한 상황에서 타의(他意)에 의해 생사

의 갈림길에 서본 사람은 행복한 사람입니다. 왜냐하면 이 상황은 좀처럼 경험할 수 없기 때문입니다. 자살을 시도해 죽음의 끝까지 갔는데 살아난 사람, 저승의 문턱에서 되돌아온 사람, 아니면 생의 극한에서 매일 죽음에 직면한 사람들의 이야기 속에서 의식 각성의 열쇠가 보입니다.

불시에 닥친 절체절명의 순간, 죽음의 위기를 극복한 사람의 생존 속에서 생에 대한 자기 각성이 일어납니다. 죽음을 눈앞에 둔 생사의 갈림길에서 삶의 길로 되돌아설 수 있다면, 또 다른 '나'를 찾아낼 수 있습니다. 이들을 살아남게 한 원동력은 '자기의식의 깨어남'에 있습니다. 살아남기 위해 무엇인가에 집중함으로써 내적 생명력이 자기 스스로 깨어난 것입니다. 죽음의 위기를 극복한 사람들은 자기의식을 깨운, 그 강력한 힘으로 생을 살아갑니다. 그리고 이들은 '생과 사는 다르지 않다'는 사실에 대한 깨우침을 획득한 사람들입니다.

의식 각성을 위해 삶과 죽음의 경계를 간접 체험해보세요. 비행기가 공중에서 폭파했을 때 높은 고도에서 일단 살아남은 사람은 추락을 하는 과정에 자기의 온몸이 조금씩 빠르게 벗겨짐(사라짐)을 봅니다. 살아 있다는 의식은 있는데 자기가 죽어가는 모습을 보면서 사라져갑니다. 나 자신을 그 상황에 놓고 생각해보세요. 그러면 머리카락이 바짝 서면서 한기를 느끼게 될 것입니다. 동시에 그 순간 나의 의식이 굉장히 밝아짐을 느낍니다.

절벽 꼭대기 위에서 밑을 내려다본 적이 있나요? 아찔하지요. 흔들리는 마음도 느껴집니다. 왜 내 마음이 흔들릴까를 생각해보세요. 다른 생각은 들지 않고, 오직 죽음의 느낌만이 순간적으로 나를 괴롭힐 것입니다. 삶과 죽음의 경계에 서려고 노력해보세요. 아무런 잘못도 없는데 어느 날 낯선 사람이 나를 찾아와 사형 선고를 내린다거나, 홀로 감방에 처해진 심경을 상상해보세요. 그리고 사형 집행 전에 다시 살아났다고 생각해보세요. 모든 세상일이 다시금 보여질 것입니다.

자신의 장례식을 상상한 적이 있나요? 관 안에 누워 자신의 죽음을 생각하면서 삶을 되돌아보고 반성해보는 일은 얼마나 멋진 일인가요. 이런 체험은 자신이 진정으로 추구하고자 하는 것, 내 인생에 있어 가장 중요한 일이 무엇인지를 깨닫게 해주고 우리의 의식을 변화시키는 원동력이 됩니다. 그 순간 기존 의식은 백지로 변하고 새로운 의식이 깨어나기 시작합니다. 이처럼 의식이 다시 깨어나면서 살아남으려는 삶의 의식이 뚜렷해질 때, '나'의 오리지널리티는 촉발됩니다.

"

이 세상에 풀지 못한 문제는 많지만
풀리지 않을 문제는 없습니다.
질문을 연속적으로 의식의 한계까지 밀어 올리면,
해답은 자연스럽게 나옵니다.

이 사실을 깨달을 때
'나'에 대한 자각이 이루어집니다.

"

For
Originality

제**3**장

...

[정 체 성]

내 안의 나에게 질문하는 시간

12

나는 왜
이 세상에 존재하는가

．
．
．

　당신은 자신의 내면과 대화를 해본 적이 있나요? 나와
또 다른 나와의 상호적인 대화 말입니다. 나를 분리시켜
놓고 나를 볼 수 있을까요? 이것은 거울 속의 나와 대화
하는 것과는 다릅니다. 거울 속의 나는 정반대의 위치에
존재하기 때문에 허상을 보는 것입니다. 나의 실상을 이
해하기 위해서는 나의 내면에서 나와 내가 속삭여야 합
니다. 내 속의 '또 다른 나'를 만나야 합니다. 나의 마음
과 또 다른 나의 마음이 만나면서 상호 독립적 위치를 가
져야 합니다. 그래야만 올바르게 나를 볼 수 있습니다.

　조용한 장소를 찾아보세요. 숨소리조차 들리지 않는
공간 속에 나를 집어넣어보세요. 주변 공간에 다른 이물
질이 침입해서는 안 됩니다. 그리고 정신을 집중해보세

요. 명상을 해도 좋습니다. 일상이 바쁘다면, 잠자기 전에 조용한 공간 속에 앉아 혼자만의 시간을 가져보세요.

어둠의 공간이 좋습니다. 과거 원시 시대에 어두운 동굴에서 행해진 인간들의 명상 시간, 그 속에서 새로운 생각이 싹트고 자신에 대한 반성이 일어납니다. 동굴 속 공간의 압력이 두뇌를 성장하게 만들었을 것입니다. 갇혀 있다는 사실 자체가 당신이 당신의 내면과 쉽게 만나도록 해주기 때문입니다.

그러면 무엇인지 자신도 모르는 누군가가 당신에게 말을 걸어올 것입니다. 누구일까요? 그냥 그대로 그 목소리를 들으면 됩니다. 이는 자연과의 대화이며, 우주와의 대화입니다. 빈 공간의 흐름 속에서 자기 목소리를 듣게 됩니다. 마음의 소리와 생각의 소리를 듣습니다. 시간이 지나면 사물(무생물)이 살아 움직이는 소리도 듣게 됩니다. 내면과의 속삭임을 규칙적으로 행하면 행할수록 '나'를 찾는 작업은 보다 심도 있어집니다. 드디어 나를 발견합니다. 또 다른 나의 심정을 이해합니다.

이는 절대로 이중인격에 관한 이야기가 아닙니다. 자기 속에 자기가 있다는 것을 인식하는 순간, 우리는 끔찍함과 전율을 느낄 것입니다. 하지만 겁내지 마세요. 그것은 전 우주를 관통하는 또 다른 자기 공간입니다. 그 공간 속에서 만나는 나는 '내가 아닌 나'입니다. 그러나 '다른 나'는 아닙니다. 진실로 '나'입니다. 나를 잃어버린 상태에서, 순간적으로 느껴지는 절대의 시간 속에서 내가 사라짐을 느낄 것입니다. 온 우주와 만나는 나 자신은 스스로 없어졌지만, 그리고 생각은 사라졌지만 나는 나를 의식합니다.

내가 '사라진 나'를 의식하는 순간, 당신은 무한에 빠져듭니다. 나는 없지만 나의 의식은 있습니다. 나의 내면과의 속삭임은 이렇듯 전 우주에 걸쳐 있는, 시공을 초월한 나를 만나게 해줍니다. 느낌은 없지만 느낌이 있고, 생각은 없지만 생각하고 있는 나에 대한 의식은 그냥 그대로, 자연스럽게 나를 자각하게 합니다. 무아(無我)가 곧 유아(有我)입니다. 있음과 없음에 대한 통합된 의식 속에서 나를 받아들이게 됩니다.

내면과의 속삭임이 끝났을 때, 우리는 우리 자신의 슬픔을 이해합니다. 그냥 눈물이 눈시울을 적시고 있음을 알게 됩니다. 왜 슬픈지 모르지만 나의 눈망울은 촉촉이 젖어 있습니다. 생의 비극적 슬픔을 느끼고 있는, 그런 나를 사랑해야 합니다. 나에 대한 인식이 나를 사랑하게 하고, 내면의 속삭임 속에서 살아나는 그 느낌이 나를 기쁘게 합니다. 그냥 그대로 그 순간의 느낌을 꽉 잡아야 합니다. 놓칠 수 없는 감동의 물결이 전신을 훑어 지나갑니다. 무심(無心)의 경지에서만 느낄 수 있는 감동이라 느끼기가 쉽지 않습니다. 그러나 느끼게 됩니다. 그 느낌을 영원히 나의 감각 속에 간직해야 합니다.

당신은 왜 이 세상에 왔나요? 내가 이 세상에서 존재하는 의미는 무엇일까요? 이런 의문이 쌓일 때마다 집을 나오고 싶지 않던가요. 그냥 어디론가 훌쩍 떠나고 싶지 않던가요. 사람이라면 집을 떠나 세상을 한 번쯤은 돌아다녀봐야 합니다. 이런 경험이 없다면 이제라도 한 번 시도해보세요. 가출해보세요. 돌아다니는 일 자체가 나에 대한 배움입니다.

등에 바랑 하나 짊어지고 세상을 정처 없이 떠돌아다니는 승려들의 모습도 결국 '새로운 나'를 찾기 위한 수행입니다. 나의 내면 속으로의 여행과 다름없습니다. 이는 나를 버리면서 나를 찾는 과정입니다. 세상을 돌아다닌 경험은 '나를 찾는 경험'으로 축적됩니다.

대자연의 장엄한 풍경을 봐야 마음의 크기가 커지고, 아울러 인간과 세상에 대한 초연함이 길러집니다. 세상을 초연하게 내려다볼 수 있는 자기만의 시각이 생겨납니다. 우리는 자기에게 맞는 세상이 어디인지를 찾아야 합니다. 발길이 머무는 곳으로 돌아다니면서 항상 자기의 내면과 속삭여야 합니다. 마음속에 느껴지는 그 무엇을 알았을 때, 두 눈엔 이미 눈물방울이 맺혀 있습니다.

그건 이 감정 때문입니다. 나는 나이지만 나가 아닐 수 있습니다. 당신은 시간이 허락한 동안만 '나'일뿐입니다.

나의 아이덴티티는 이렇게 세상을 넘나듭니다. 이 세상을 떠나도 떠나지 않는 내가 있기 때문입니다.

나의 내면과 고독한 대화를, 불꽃 같은 사랑을 하면 그 순간 내가 나를 찾습니다. 나의 정체성을 알게 됩니다. 나는 나가 아닌 나로써 존재함을 자각합니다. 이는 '내가 아닌 나'와의 상호 대화 속에서 가능합니다. 그러면 온 우주에 퍼져 있는 나의 감각이 살아납니다. 삶은 그렇게 사는 것이라는 생각이 들기 시작합니다. 이제야 거리낌 없이 살 수 있습니다. 나는 비로소 아이덴티티를 갖게 됩니다.

인간은 자기에게 주어진 영역과 크기, 그리고 가치가 있습니다. 길가의 들국화가 들국화의 모습으로 꽃피우는 것처럼, 인간도 자기 자신의 모습이면 충분합니다. 이 세상 존재하는 모든 것은 '자기 자리'가 있습니다. 이 세상에서 가장 간단하면서도 가장 어려운 일이 자기 자리를 제대로 찾는 일입니다. 이 변하지 않는 하나의 참마음,

오리지널리티를 찾으면 마음의 흔들림이 없습니다.

나를 나로 인식하는 순간 나의 힘은 충만해집니다. 누가 나를 이길 수 있을까요. 나는 '유일한 존재'가 됩니다. 마음속의 눈물이 슬픈 기억을 회상시켜줍니다. 회상 속에서 몸과 마음이 유연해지고 부드러워집니다. 그리고 나의 전체 속으로 스며드는 나 자신을 느낍니다. 역시 나는 내가 아니지만, 나를 인지한 그 순간 내면의 속삭임은 나를 하나가 되게 만듭니다.

13

과거가 곧
미래가 되는 이유

．
．
．

　현재 시점에서 거꾸로 기억을 되살릴 때, 내 기억 속에 가장 강하게 남아 있는 장면은 무엇인가요? 무엇이 있는지 추적해보세요. 과거에 있었던 사건들을 새롭게 해석하는 시간을 가져보세요. 어린 시절의 느낌을 떠올릴 수 있다면 우리는 천진난만한 어린이의 시각을 가질 수 있습니다. 즉, 나의 '순수성'을 회복하는 것입니다.

　물론 그 기억을 어머니 뱃속, 태아 시절까지 되돌릴 수는 없습니다. 만약 당신이 태아 시절까지 기억할 수 있다면, 딩신은 이미 위대한 사람이 될 그릇을 타고났습니다. 있는 힘을 다해 태아 시절의 기억만 되살릴 수 있다면 당신의 인생은 위대한 생이 됩니다. 그리고 어린 시절의 기억을 되살리면 당신은 두 가지의 힘을 갖게 됩니다.

첫째, 사물의 현상을 있는 그대로 볼 수 있는 시각이 형성됩니다. 둘째, 미래에 발생할 사건에 대한 해결의 씨앗을 가질 수 있습니다. 이 세상에서 발생하는 모든 사건(Event)의 씨앗은 동일합니다. 태초 이래 다른 것은 없습니다. 누구나 현재에 발생하는 사건의 해결점을 찾을 수 있고, 미래를 예측해보는 것이 꿈이 아님을 알게 됩니다.

그렇게 되면 얼마나 행복할까요. 인간이 순수성을 갖게 되면, 생각이 자유로워집니다. 자유로운 생각의 차원은 우주를 넘나듭니다. 쉽게 말해 아는 것(知)과 모르는 것(無知)의 경계가 사라집니다. 경계가 없어지면 모든 것에 통(通)할 수 있습니다. 어린 시절의 느낌을 회복한다면, 통함에 거침이 없습니다. 동심으로의 회귀가 고정된 생각에서 벗어나 나 자신을 자유롭게 만들기 때문입니다. 모든 것이 열려 있는 나의 정신적 공간을 회복함으로써 모두와 통하는 일이 가능해집니다.

아이덴티티는 자기 내부의 소리입니다. 그 소리의 원

천은 무의식의 공간, 잠재의식, 집단적 무의식의 공간이기 때문에 나와 너(또 다른 나)를 쉽게 연결시킵니다. 서로의 뜻에 일체감을 갖고, 동일성을 유지합니다. 공시성(共時)과 통시(通時)성을 갖게 됩니다. 지금 이 시각부터 과거로의 여행, 어린 시절로의 기억 여행을 떠나보세요. 마음을 편하게 먹고 기억의 저편으로 출발하세요.

무엇이 보이나요? 보이지 않으면 그 안개 낀 기억의 장면들을 한 꺼풀씩 벗겨보세요. 벗겨지는가, 사라지고 있는가, 과거의 내가 존재하는 생활 장면이 보이는가. 아직도 보이지 않는다면 정신을 더 집중해야 합니다. 과거의 기억 속으로 더욱 파고들어야 합니다.

당신이 결혼한 사람이라면 결혼 전 만났던 애인과의 관계부터 기억해보세요. 서로가 심하게 다툰 기억이나 잘못했던 행동들을 스스럼없이 벗겨내세요. 그것이 좋은 기억이든 나쁜 기억이든 관계없습니다. 그 기억의 장면 장면을 한 컷 한 컷 벗겨내세요. 영화의 정지된 장면처럼 칼질해보세요.

30프레임이 영화에서의 1초입니다. 그 순간의 장면을 정지시켜놓고, 찬찬히 들여다보세요. 과거의 내가 보이는가, 주변의 풍물이 보이는가. 후회스러움, 한탄, 슬픔, 아름다움 등 당신이 갖고 있던 모든 감정이 속속들이 기억나는가. 기억이 나지 않는다면, 감동적인 장면이 없다면 빨리 기억의 필름을 더 멀리 보내세요. 기억을 하기 싫어도 기억해야 합니다. 그 순간의 찰나를 놓쳐서는 안 됩니다.

기억의 단편 속에서 스스로 자유로움을 가져야 합니다. 있는 그대로의 사실을 그대로 볼 수 있는 시선을 찾아야 합니다. 기분 나쁜 기억이라 할지라도 기억해야 합니다. 조각조각 그 기억의 장면을 분해해야 합니다. 그리고 온몸으로 느껴야 합니다.

이제 진정으로 과거의 내가 느껴진다면, 당신은 태초의 순수함을 간직할 수 있습니다. 벌거벗은 자신의 모습을 자기 스스로 보아야 합니다. 부끄럽게 생각하지 마세요. 그것이 자기 존재의 진실한 순간(Moment Of Truth)입니다. 진실한 순간과 직접 마주치며 그 느낌을 그대로 자신의 것으로 만들어야 합니다.

갈 수 있는 데까지 기억의 저편 속으로 떠나가세요. 마지막까지 혼신의 힘을 다해 끝까지 가세요. 끝까지 갔다면, 이제 다시 돌아오세요. 과거의 기억에서 한 순간 한 순간 거치며 역순으로 현재까지 오세요. 현재의 의식이 깨어난 순간, 이제 여행은 끝났습니다.

지금 현재의 내가 보이나요? 나의 진실함과 순수함이 보이나요? 어려운 일이지만 동심의 세계를 회복하면 세상의 모습이 또 다른 각도에서 보입니다. 나 자신의 새로운 변화를 알게 됩니다. '나'를 제대로 바라볼 수 있는 시각을 얻게 됩니다. 순수하게 현실의 나를 바라볼 수 있는 시각이 생겨났나요? 그러면 '나'를 찾는 발견의 여행을 마무리해도 됩니다.

아이덴티티는 이렇게 과거를 찾아가는 여정입니다. 이제는 미래의 희망이 보일 것입니다. 미래에 발생할 사건에 대한 해결의 씨앗을 찾았기에 두려움이 사라집니다. 미래가 두려워지지 않을 것입니다.

사람들은 꿈이 미래를 예견하는 수단이라고 생각합니다. 그러나 꿈은 과거에 뿌리를 두고 있습니다. 과거와 연결되어 있습니다. 나의 과거가 현재의 나를 만듭니다. 내 과거에 대한 인식과 해석이 나의 미래, 나의 비전을 결정합니다. 과거를 잘 아는 것은 미래를 이해하는 지침이 됩니다. 과거를 통해 나를 잘 이해하면, 그 위에서 미래의 꿈을 만들 수 있습니다.

사실 자아 이미지와 자의식은 유년 시절에 형성되고, 자라나면서 당신의 생각과 행동 속에 잠재되었습니다. 유사 이래 새로운 사건은 없습니다. 어린 시절의 기억을 되살리는 일은 그 시절에 형성된 나의 아이덴티티를 제대로 살펴보고, 현재 내가 존재하는 이유를 똑바로 인식하기 위한 것입니다.

그러면 자신에 대해 긍정적인 평가를 할 수 있습니다.

긍정적인 자기 평가는 자신을 겸허하게 받아들일 수 있게 합니다. 나의 결점과 한계, 실패를 진정한 용서로써 받아들이고 인정하여 자아를 재발견하자는 것입니다.

급속도로 변화하는 세상 속에서 행복하게 살기 위해서는 이미 과거에 체험한 것을 현재의 생활 속에 적용시켜야 합니다. 오직 나의 체험만이 확실한 것입니다. 다른 사람의 체험은 직접적으로 다가오지 않습니다. 나의 체험만이 나를 믿게 합니다. 진정 나의 것이 됩니다. 스스로를 통해 교육하고 배우고 학습된 능력과, 다양하고 개방적인 마음으로 나를 되돌아보며 유연한 삶의 자세를 갖도록 하자는 것입니다.

이것이 '온고이지신(溫故而知新, 옛것을 익히고 새것을 안다)'입니다. 새로움은 옛날 사상의 핵심과 만나야 합니다. 옛 지식을 새로운 상황에 맞추고 어느 것이 새로운 시대에 가장 알맞은 지혜인지 면밀히 검토하고 숙고하라는 것입니다. 삶 속에서 오래 묵힌 지혜의 힘으로 새로움을 추구해야 미래에 희망이 있습니다. 변화를 위한 변화를 추구하라는 말이 아닙니다. 진정한 변화가 필요하다면 이미 효과가 입증된 친숙한 방법과 전통적인 체계, 일상 생활 속에서 나를 재발견해야 합니다.

옛사람들의 뜻을 헤아려 부단히 원점으로 회귀하려는 겸허한 자세가 필요합니다. 과거의 경험이 현재 나의 뿌리임을 잊지 말아야 합니다. 그래서 우리는 과거를 새롭게 해석해야 합니다. 나를 잘 알고, 내 기질과 능력, 경험을 활용하여 미래를 만들어야 합니다.

과거의 사건들과 만남으로써 내가 어떤 일에 관심을 갖고, 어떤 일을 잘할 수 있는지 알아내야 합니다. 이것이 나의 역사와 나의 정체성를 밝혀줍니다. 나의 기질과 재능, 경험을 연결하여 특별한 꿈을 만드는 것이 바로 '자기 혁신'입니다. 나의 잠재성과 무의식에 기초하여 '나'다운 꿈을 꾸어보세요. 어린 시절의 꿈을 되살려보세요. 이것이 나의 아이덴티티를 발견하게 합니다. 내가

'새로운 나'로 변신합니다. 이제 내 인생의 주인공은 '나 자신'이 됩니다. 자신감이 생겨납니다.

14

내 자리를 알 때,
삶의 주인이 될 수 있다

⋮

우리는 인생에서 의미 있는 존재가 되려고 끊임없이 노력합니다. 그리고 내 존재의 의미는 나 자신으로부터 출발합니다. 하나의 영역(Category)에서 최후의 승리자가 되면, 비로소 내 존재의 의미가 나타납니다. 만약 그것이 현실적인 존재로 드러나지 않으면, 이는 나에 대한 '진정성'이 없는 것입니다. 그래서 '나만의 영역'을 찾는 작업이 선행되어야 합니다. 물론 나만의 영역이 어디에 있는지 모르기 때문에 쉬운 일은 아닙니다. 그렇지만 시도는 해보아야 합니다.

어린 시절부터 우리는 '미래의 꿈은 무엇이니?'라는 질문을 부모님, 친척, 학교 선생님, 친구들은 물론 처음 만나는 사람들에게조차 자주 받아왔습니다. 마음속으로 그

말을 되새겨봅시다. 진정 나의 꿈은 무엇일까요? 미래에 나는 무엇이 되어야 할까요? 심정이 답답할 것입니다. 단지 막연하게 꿈과 희망을 갖고 있기 때문입니다.

나는 행복을 꿈꿉니다. 그러기에 '나만의 고유한 영역'을 찾아야 합니다. 나를 나이게 하는 나만의 영역은 어디에 있을까요? 밤에 바다를 항해하는 배는 등대의 자그마한 불빛을 바라보면서 갑니다. 배처럼, 나 역시 나를 인도해줄 불빛을 찾아야 합니다. 계속 헤맨다면 우리의 항해는 끝이 날 것입니다. 자초(自礁)될 것입니다. 나를 구원해줄 손길은 어디에도 없습니다.

우리의 삶이 자초되지 않으려면, '사고(思考)'를 쳐야 합니다. 사고는 곧 '생각'입니다. 사고를 치지 않으면 생각의 위대한 힘은 발휘되지 않습니다. 내가 갈 길에 대한 생각, 그곳이 두뇌를 사고 치게 만듭니다. 자기 속으로 생각을 침잠시키면 그 생각의 밑바닥에 뜨겁게 달아오르는 느낌이 있습니다. 그것이 나와 맞다고 생각하면 그곳이 나만의 고유한 영역(Original category)입니다. 그것이 나의 삶을 고이거나 썩지 않게 합니다. 나만의 고유한 영역 속에서 자아실현을 이루어야 합니다. 그래야만 우리의 삶이 행복해집니다.

처음에 그곳은 보이지 않는 불빛으로 다가옵니다. 생각을 집중하면 자그마한 점 같이 어슴푸레 보이기 시작합니다. 반딧불의 불빛보다 더 아스라이 보입니다. 그래도 그것을 잡아야 합니다. 절대로 시선을 다른 곳으로 돌리지 마세요. 순간의 불빛을 눈 속에 잡아 빨리 머릿속으로 스며들게 하세요. 망막에 잔상이 맺히게 해야 합니다.

경제, 경영, 문화, 사회, 정치, 철학, 문학, 예술 등 어느 분야라도 관계없습니다. '나의 불빛'이라고 생각이 들면 놓치지 마세요. 한 발자국도 움직이지 말고 직시하세요. 그러면 서서히 주변이 밝아올 것입니다. 내가 가야할 길이 환하게 보일 것입니다. 나만의 고유한 영역이 나의 '아이덴티티', 즉 나의 정체성을 밝혀주고, 고유한 영역과 나는 비로소 관계 맺기를 시작합니다.

아직은 미미하지만 10년 동안 열심히 그곳을 주시하세요. 고개를 돌리지 마세요. 그곳을 나의 '무덤'으로 생각하세요. 비록 남과 다른 나이지만, 주변의 욕심에 현혹되지 마세요. 쉽지 않은 선택이기에 보다 더 깊이 한 우물을 파야 합니다. 물론 깊이를 더해갈수록 표면의 넓이는 더 커져야 합니다. 좁게 파고들면 대지의 압력에 굴복할 수밖에 없습니다. 넓고 깊게 파는 지혜를 가져야 합니다. 나만의 고유한 영역은 깊게 들어가지만, 최초의 시작은 계속 넓어짐으로써 주변과의 관계가 원만해집니다.

식물의 씨앗(Seed)은 제각기 나름대로의 성질이 있습니다. 복잡한 인간도 각자 나름대로의 성질이 있습니다. 씨앗이 땅에 뿌리를 내리기 위해서는 자신이 껍질을 뚫고 나와야 합니다. 그리고 지심(地心)에 뿌리를 박아야 합니다. 나무가 자라듯이 인간도 자랍니다. 사람이 살아가는 것은 나무의 성장과 같습니다. 키가 큰 나무는 뿌리가 깊게 내릴 수 있도록, 가지가 마음껏 뻗을 수 있도록 지심에 터를 단단히 잡아야 합니다. 그리고 다 자랄 때까지 한없이 기다려야 합니다.

나무의 근본은 인간 삶의 근본과 동일합니다. 근본을 의미하는 본(本)은 나무 밑동을 뜻합니다. 나무는 어떤 자도 구원하지 않습니다. 오로지 자신만을 구원합니다. 즉, 존재는 스스로 자신을 구원합니다. 나무는 주어진 대로 열심히 움직입니다. 나무는 능동적인 존재입니다. 어떤 기대도 없이 열심히 살아갑니다. 나무와 같은 인간만이 창조적이며 행복하게 살아갈 수 있습니다. 참된 인간이 되기 위해서는 자기 변혁과 자기 개조가 필요합니다. 나무는 뿌리 깊이만큼 자랍니다. 사람도 인심(人心)에다 뿌리를 박은 만큼 자랄 수 있습니다.

유기농이란 땅을 살리는 것입니다. 땅을 살림으로써 씨앗은 더욱 오래 삽니다. 나의 힘으로 꿋꿋이 땅에 뿌리를 박고 자라면, 아무리 외부의 충격이 강하다고 해도 이겨낼 수 있습니다. 모든 생명이 가진 각각의 힘을 존중해야 합니다. 나의 땅에 깊이 뿌리내리고 서서 든든한 내공의 힘을 가져야 합니다. 그 마음은 넓고 깊은 바다와 같은 평정을 가져다줍니다. 바다 표면에 일렁이는 파도, 그 끝에 매달린 세파(細波)에 나를 던지지 마세요. 내 마음이 가진 고유한 힘으로 땅을 짚고 일어서야 합니다. 이것이 아름다운 인생입니다. 이 힘이 나의 온 정신을 휘감아야 합니다.

자기의 갈 길이 어디에 있는가, 어디로 가야 하는가는 결정되어 있지 않으나, 어디에서 출발하든 도착점은 하나입니다. 예수나 석가모니, 공자나 장자 그 누구라도 마지막 지점에서 만납니다. 그러기에 옆으로 시선을 돌릴 필요가 없습니다. 결국 궁극점은 똑같습니다. 나만이 고유한 영역이지만 끝 지점은 모두의 영역이라는 사실을 깨달은 사람들은 모두 알고 있습니다.

성공했던 사람들은 자기만의 고유한 영역을 찾은 사람입니다. 그래서 처음 꾸었던 작고 소박했던 당신의 꿈을 잃어버려서는 안 됩니다. 보다 더 앞으로 나아가려면 지금보다 두 배는 더 빨리 뛰어야 합니다. 나만의 고유한 영역을 지키려면 온 힘으로 세상을 헤쳐나가야 합니다.

그러나 세상에는 너무 큰 꿈만 가득합니다. 나만의 고유한 영역은 비록 그 꿈이 작더라도 나의 전부입니다. 나만의 나를 인식하면, 작은 꿈도 나중에 크게 되어 우주의 꿈을 키우는 씨앗이 됩니다. 작은 꿈을 꾸는 나의 마음을 버리지 마세요. 나의 마음이 가는 길을 벗어나지 마세요.

자신을 잃어버리면 아이덴티티는 사라지고, 정체불명의 인간으로 존재하게 됩니다. 나의 의지대로 세상을 살지 않으면 사는 것이 아니기에 이는 내가 갈 길이 아닙니다. 주인의 길이 아니라 노예의 길입니다. 노예의 삶을 살고 있는 사람들이 얼마나 많나요. 그래서 깨달은 사람들은 세상을 슬픈 눈으로 바라보는 것입니다. 오랫동안 세상을 바라보면 눈가에 눈물이 맺힙니다.

명심하세요. 자기를 잃어버리지 말고, 불신하지 말고,

자기의 생각이 움직이는 대로 자연스럽게 믿음을 가지면서 나아가야 합니다. 그러면 그곳이 나만의 고유한 영역이 되고, 나를 정체성 있게 만듭니다. 나를 믿어야 합니다. 소박하고 순수한 나를 믿어야 합니다. 나의 내면에서 부르는 소리를 거부하지 말아야 합니다. 내면의 소리가 나를 진정한 나로 인도하기 때문입니다.

내면 여행의 도착점은 나만의 고유한 영역입니다. 나의 고유한 영역에서 자연스럽게 삶을 사세요. 고유한 영역이 나를 '나'로 만듭니다. 이것이 나의 아이덴티티와 정체성으로 나의 길을 거침없이 가게 하는 원동력(Driving force)이 됩니다.

"

성공했던 사람들은
자기만의 고유한 영역을 찾은 사람입니다.

그래서 작고 소박했던
당신의 꿈을 잃어버려서는 안 됩니다.

나만의 고유한 영역을 지키려면
온 힘으로 세상을 헤쳐나가야 합니다.

"

15

모든 문제 속에서
나를 발견한다

　　　　　·
　　　　　·
　　　　　·

　산을 오르는 사람은 고독합니다. 오직 정상을 향해 걸
어가는 그 과정은 철저한 고독의 길입니다. 그것은 오직
자신과의 싸움일 뿐, 그 누구도 자기를 대신해주지 않습
니다. 그리고 우리는 혼자만의 시간이 생겼을 때, 자신의
삶을 되돌아볼 수 있습니다.

　대지를 굳건하게 밟고 있는 '나에 대한 정확한 인식'만
이 나를 존재하게 만듭니다. 자기다움에 대한 철저한 인
식만이 나를 나로서 존재하게 만듭니다. 과거와 현재, 그
리고 미래를 통찰하는 힘의 원천이 아이덴티티(Identity,
獨)에 대한 자각입니다. 아이덴티티, 즉 '자기다움'에 대
한 깨달음은 훈련을 통해서 얻을 수 있습니다.

　'하루에 세 번 반성(反省)하라'는 말이 있습니다. 이는

'아침, 점심, 저녁에 한 번씩 반성하라'는 말이 아닙니다. 더군다나 '잘못을 반성하라'는 의미도 아닙니다.

왜냐하면 실제로 인간은 잘못하는 일이 없기 때문입니다. 그 순간 자신이 한 행동은 항상 정당합니다. 지금 여기에서 인간 개개인의 행동 자체에는 모순이 없습니다. 우리가 정당하다고 생각하기에 그렇게 행동한 것입니다. 내가 지금 이렇게 하면 어떨까 하고 생각을 하면서 행동하는 사람은 극히 드뭅니다.

진정한 반성은 '문제점에 대한 반성'을 의미하는 것이 아닙니다. 하루 동안 일어난 일을 되새기고, 다시 한 번 사건에 대해 생각을 반복함으로써 자기 자신의 행동을 정확히 인식하라는 이야기입니다. 그런 생각을 통해 스스로 거듭나라는 말입니다. 자기 행동에 대해 정확한 인식을 가진 사람은 순간순간 올바른 선택을 합니다.

우리는 항상 생각의 한계 속에서 움직입니다. 그래서 진정한 반성은 '나하고 관계된 상대편의 입장에서 바라

보는 것'입니다. 반성을 하면 왜 그런 결과가 만들어졌는
지에 대해 명확히 규명할 수 있습니다. 상대편의 입장에
서 문제에 대한 원인을 규명한다면, 우리는 문제의 핵심
속으로 들어갈 수 있습니다. 그 속에서 문제를 다시 본다
면 문제가 발생한 이유를 철저히 알 수 있고 해결 방안에
대한 아이디어도 떠올릴 수 있습니다.

문제(Problem)는 우리 앞(Pro)에 놓인 장애물(Blem)을
말합니다. 살아가면서 우리 앞에 나타나는 것으로, 우리
스스로의 판단으로 해결해야 하는 것들입니다. 그래서
반성의 '반(反)'은 상대방의 입장에 대해 다시 한 번 생각
해보자는 의미입니다. 상대방의 입장에서 깨닫자는 것입
니다. 그러면 본질에 대한 이해가 생기고, 오해에서 이해
로 전환되는 길이 발견됩니다.

하루에 세 번 반성을 하라는 말은 생활 속에서 발생한
상대방과의 의견 충돌을 '그 시점'에서 '같은 사안'을 가
지고 한 번, 두 번, 세 번 되새기라는 뜻입니다. 이를 좀
더 쉽게 이야기하면 '변증법적 반성'을 이루자는 것입니

다. 정(正), 반(反), 합(合), 그리고 합이 다시 새로운 정이 되고 반이 다시 합이 되는, 그래서 새로운 정, 반, 합이 탄생하는 과정을 세 번 순환시키자는 것입니다.

이는 바로 작용과 반작용의 힘이 언제나 똑같음을 이 야기합니다. 나(正)에서 시작하여 상대방의 시각에서 반 (反)이 이루어지고, 새로운 결론을 얻으면 그것(合, 우리) 을 또 다시 상대의 시각(反)으로 형성하고 그것이 또 다 른 합(세계)이 되고, 다시 반(다른 세계)의 시각에서 새로운 합(우주)이 탄생합니다. 이렇게 세 차례 반복을 함으로써 우리는 우리 생각 속으로 깊게 잠입하여, 내면의 소리를 들을 수 있습니다. 비로소 잠재의식이 깨어납니다.

3년간 매일매일 세 번 반성을 하면, 자신에 대한 각성 이 이루어집니다. 딱 3년만 해보세요. 이 각성의 결과가 아이덴티티, 즉 나를 있는 그대로 인식할 수 있게 만듭니 다. 더불어 나의 정체성이 무엇인지, 나는 왜 살아야 하 는지, 인간관계의 원만함을 유지할 수 있는 자세는 무엇인지를 알게 함으로써 생활 속 나의 존재에 대한 인식을 새롭게 해줍니다.

하루에 세 번 반성을 하는 시간은 퇴근길이나 자기 전이 좋습니다. 자기만의 여유 있는 시간을 활용하세요. 그리고 이를 습관화하면 더욱 좋습니다. 반성을 글로 남겨놓는 것은 더더욱 좋습니다. 남겨진 글을 시간이 지난 후 다시 읽어보면, 자신의 내부에서 새로운 느낌이 솟구칠 것입니다.

하루에 세 번 반성하라는 것은 생각의 차원을 3단계 높이고 문제의 핵심에 더욱 가까이 접근하자는 뜻입니다. 이는 나라는 존재에 대한 의미를 올바르게 이해하고, 사회와 세계, 나아가 우주와의 합일점을 찾는 힘을 갖추게 합니다. 내가 나다운 생각을 갖게 됨으로써 나의 품성이 고양됩니다.

반성은 나의 생각을 완전히 뒤바꾸어줍니다. 자기 생각을 바꿀 수 있다면, 나도 모르게 좋은 일이 생길 것입니다. 내가 잘 살기 위해서는 지금 하고 있는 일들이 나에게 맞지 않는다는 생각을 바꿔야 합니다. 하루에 세 번 생각을 가다듬으면 나도 모르게 생각이 확대되고 또 다른 생각이 일어나면서 생각의 차원이 이동함을 스스로 느낄 수 있습니다. 그래서 자신의 현재 위치가 긍정적인지 부정적인지에 대한 깨달음이 자연스럽게 일어납니다. 자신을 보다 매력 있게 바꾸기 위해 날마다 일어나는 사소한 사건이라도 항상 반성을 하면서 생각을 가다듬어야 합니다. 그러면 나 자신도 모르게 좋은 일이 날마다 일어날 것입니다.

상투적인 자기계발 프로그램에 나를 맡기지 말고, 자신의 생각을 바꿈으로써 멋진 가능성이 생기도록 만들어보세요. 나를 발견하는 일이 나의 정체성을 찾는 일이고, 이것이 아이덴티티의 본질입니다. 남들이 제시하는 자기계발에 관한 이야기들을 반복하거나 암기하지 말고, 나의 색깔에 맞는 변화를 찾으면 모든 것이 통합니다. 나 자신의 리듬에 맞는 것을 찾아 실천해보세요. 인생을 즐 겁게 살 수 있는 나만의 세계를 찾아 그것을 내 것으로 만들어보세요.

반성을 한다는 것이 무작정 자신의 결점을 바꾸라는 의미는 아닙니다. 결점을 또 다른 시각에서 바라보아야 합니다. 일반적인 사회 규범에 따라 나의 결점을 판단하 면, 그것은 나만의 진정한 능력 속에서 판단된 것이 아니 기에 부정적으로 바라볼 필요가 없습니다.

오히려 나의 결점이 상대방의 입장에서 보면 강점이 될 수 있습니다. 나의 결점은 내 정체성의 표상입니다. 반성을 통해 결점을 훌륭한 가능성(장점)으로 변화시키자 는 것입니다. 어떤 것에도 얽매이지 않아야 나 자신을 크 게 인간적으로 변화시킬 수 있습니다. 결국 나의 결점을 어떤 시각에서 보느냐에 따라 가치 변화가 가능합니다.

당신이 반성해야 하는 결점은 무엇인가요? 급한 성 질, 내 멋대로 하는 버릇, 무감각, 아는 척, 나약함, 소심

함 등 찾아보면 많이 있을 것입니다. 그것이 무엇을 의미하는지를 세 번 반성을 통해 이해해야 합니다. 결점은 나의 정체성(아이덴티티)을 찾게 하는 소중한 인생의 등대입니다. 내가 가야 할 길이 어디인지를 보여줍니다. 또한 내가 내 결점을 스스로 인정하면 다른 사람에게 관대해지고 배려하는 마음이 생깁니다. 나의 정체성은 나를 있는 그대로 보여주는 것입니다. 하루 세 번 반성을 통해 우리는 나의 아이덴티티가 무엇인지 알 수 있습니다.

> 상투적인 자기계발 프로그램에 나를 맡기지 말고,
> 자신의 생각을 바꿈으로써
> 멋진 가능성이 생기도록 만들어보세요.
>
> 나를 발견하는 일이 나의 정체성을 찾는 일이고,
> ## 이것이 아이덴터티의 본질입니다.

For
Originality

제4장

...

[개 인 성]

나의 개성과 타인의 개성이 조화를 이루면

16

다름을 인정하면
관계가 즐거워진다

당신은 변합니다. 매일매일 변하지 않으면 인간이 아닙니다. 변하는 것 자체가 생존 본능입니다. 변화는 인간의 기본적인 삶의 행동에 대해 세밀한 파악을 하게 하고, 개개인의 퍼스낼리티에 대한 관심을 높여줍니다. 개개인의 가치가 다양하고, 그들 나름대로 개성적인 생활 방식을 즐기는 자체가 퍼스낼리티(개인성)에서 기인합니다. 그러기에 변하지 않는 개인성이란 생존 능력의 상실을 의미합니다. 변화하지 않는 사람은 자기 목숨을 스스로 끊거나, 다른 사람의 개인성을 말살시키는 일을 서슴없이 합니다.

우리는 살면서 종종 이런 이야기를 듣습니다. 이혼을 한 사람들의 이유는 대개 비슷합니다. 대부분 항상 '성격

차이' 때문이라는 것입니다. '저 사람하고는 성격이 맞지 않아', '성격을 맞추기가 힘들어' 등의 이유입니다. 그러나 이는 참말이 아닙니다. 진짜 이유는 돈입니다. 아니면 변해버린 사랑입니다.

세상에 성격이 맞는 사람은 한 사람도 없습니다. 성격은 차이가 없으면 성격이 아닙니다. 사람들은 무엇인가 착각을 하고 있습니다. 성격이 똑같은 사람은 이 세상에 존재하지 않습니다. 성격이 바로 퍼스낼리티(Personality)이자, 개인성입니다. 퍼스낼리티는 현존하는 존재 질서를 타파하려는 카리스마 있는 개인의식을 말합니다. 이는 개인적 차이를 반영하고, 일관성과 지속성이 있는 동시에 다양한 상황에서의 변화성을 의미합니다.

사람은 혼자서 세상을 살아갈 수 없습니다. 어머니 뱃속에서조차 엄마와 하나로 연결된 관계입니다. 그래서 태어나면 주변에는 아버지, 어머니, 동생, 형, 누나, 친척들이 있습니다. 그들의 귀여움을 받으며 살다가, 유치원에 들어가 또래를 만나고, 초등학교, 중학교, 고등학교, 대학교를 거쳐 사회에 발을 내딛습니다.

그러면서 처음 느끼는 것은 '모든 사람의 얼굴 모습, 형태가 왜 다를까?'라는 의문입니다. 이러한 의미를 깨닫게 되는 때는 자아에 대한 의식이 싹틀 때부터입니다. 그래서 세상은 더불어 살아야 한다는 사실을 깨닫습니다. 혼자 집안에 박혀 노는 사람들도 있습니다. 혼자 놀면 놀수록 사람은 서로 의지하면서 살아야 한다는 생각이 들 것입니다. 사람은 독불장군처럼, 섬처럼 고립되어 살아갈 수 없습니다. 왕따가 되어 자살하는 어린이, 홀로 고통받는 사람도 수없이 존재합니다. 이것은 역설적으로 사회 속에서 관계를 확립하지 못하면 인간이 생존하기 힘들다는 것을 증명해줍니다.

당신은 다른 사람과 더불어 살아야 합니다. 사람마다 나이, 성별, 몸, 사회적 배경이 다릅니다. 그들 각자와 개인적으로 관계 맺는 일이 쉬운 일은 아닙니다. 하지만 우리는 다른 사람이 가진 성격이나 역량을 인정해야 합니다. 일상생활 속에서 다른 사람의 개성을 단지 허용하는데에 그치지 않고, 개개인의 차이점을 소중히 여기고 살아야 합니다. 다른 사람과의 관계, 상호 작용으로 개인의 문화와 가치관을 확대시켜가는 역량이 필요합니다. 당신이 그 차이점을 없앨 수 없다는 사실을 알고, 다양성을 인정하는 세상을 만들어야 합니다. 이것이 퍼스낼리티를 찾는 첫걸음입니다.

태어난 환경이 모두 다르기 때문에 성격과 행동에 문제가 일어날 수 있지만, 그들 각자의 성격을 인정해줌으로써 모든 것이 변할 수 있습니다. 퍼스낼리티 자체가 환경의 지배를 받기 때문입니다. 사람은 누구나 태어나서 죽을 때까지 자신을 인정해주는 사람에게 반응을 보입니다. 각자의 성격을 그대로 인정함으로써 우리는 다양한 성격을 경험할 수 있습니다. 그래서 자기의 생각대로 남을 평가해서는 안 됩니다. 그래야만 올바른 방향 감각을 가질 수 있습니다.

　내 삶의 퍼즐을 큰 그림(Big picture)에 맞추어가기 위해서는 다양성에 대한 인정이 우선입니다. 우리는 다른 사람의 퍼스낼리티를 인정함으로써 그들의 삶도 변화시킬 수 있습니다. 그들이 그들 자신만의 퍼스낼리티에 맞는 삶을 살 수 있도록 함으로써, 더 높은 곳을 향해 나아갈 수 있게 만듭니다. 우리는 이웃과 주변 세계와 적극적인 관계를 맺고 살아야 합니다. 이는 서로의 차이점을 인정했을 때만이 가능합니다. 차이를 인정하는 것은 곧 다양성을 인정하는 것입니다.

　인간관계를 즐겁게 만들기 위해서는 상호간의 공통된 의견이 있어야 하지만, 오히려 인간관계를 흥미롭게 만드는 것은 '서로간의 차이'입니다. 차이를 인정하고 다양성을 인정함으로써 인간의 정신과 각 개인이 갖고 있는 독특한 능력을 알게 됩니다. 이 사실을 나 스스로 깨달아야 합니다. 그래서 우리는 다양함 속에서 하나를 이루려는 마음을 가져야 합니다. 각각의 다양함은 사회 전체의 부분이지만, 또한 전체가 부분의 합보다 크다는 사실을 알아야 합니다.

차이점을 인정하고, 그것이 하나로 뭉쳐졌을 때 진정으로 가치 있는 생각을 할 수 있습니다. 시너지 효과는 각 개인이 가진 퍼스낼리티의 다양성을 인정함으로써 발생합니다. 그래야만 상호 의존성과 진정한 관계 맺기가 시작되고, 이것이 확산됨으로써 각 개인의 퍼스낼리티가 중요하다는 것을 알게 됩니다. 다른 사람이 나와 같지 않다고 해서 서러워하면 안 됩니다. 그들이 나와 같지 않기 때문에 나의 퍼스낼리티가 살아납니다. 인생의 길은 저마다 방향이 다릅니다. 우리는 이것을 인정해야 합니다. 최종 목표가 같다고 할지라도, 그 목표에 도달하는 길은 모두 다릅니다. 다른 사람이 가는 길을 그대로 갈 필요는 없습니다. 그들이 나의 길을 인도하는 나침반이 될지라도 나는 나의 길을 가야 합니다.

살아가면서 누군가 힘들다고 당신에게 손을 내민다면 그 손을 잡아야 할까요? 당신은 도움이 필요한 사람들에게 스스로 다가가 손을 내밀 수 있나요? 도움이 필요한 사람에게 한 치의 주저함도 없이 마음을 내어놓을 수 있다면 당신은 이 책을 읽을 필요가 없습니다. 당신은 이미 자신의 오리지널리티를 알고 있기 때문입니다.

인생의 기쁨이란, 여러 고비를 넘기고 정상에 올랐을 때가 아닙니다. 정상에서 두 다리를 쫙 펴고, 손을 위로 젖히며 맑은 공기를 온몸으로 들이마시면 가슴 깊이 숨어 있는 삶의 고달픔이 펑 뚫리면서 시원해지는 느낌이 듭니다.

생의 기쁨이란 소박한 꿈이 이루어졌을 때 느낄 수 있습니다. 세상을 살아가는 힘은 바로 여기에 있습니다. 서로 나눔을 인정하고 받아들일 수 있는 당신은 강력한 힘을 갖게 됩니다. 살면서 어려운 일이 발생하면 타인에게 도움을 요청하세요. 이는 자존심 상하는 일이 아닙니다.

자연스러운 해결 방법입니다.

황희 정승의 에피소드는 다양성을 인정하는 사례 중 백미(白眉)입니다. 어느 날 두 하인이 싸움을 했습니다. 한 사람이 싸운 이유를 설명하자 황희 정승은 "너의 말이 맞다."라고 이야기했습니다. 그리고 또 다른 한 사람이 자신의 이유를 이야기해도 "너의 말도 맞다."라고 답했습니다. 그 모습을 본 아들이 "왜 아버님께서는 정반대의 이유를 모두 맞다고 말씀하십니까?"라고 물었습니다. 그러자 황희 정승은 아들에게도 "그래, 너의 말도 맞구나."라고 말했습니다. 너무나 극단적인 사례이지만, 사람은 모두 자신의 관점과 자신의 퍼스낼리티에 맞게 모든 사안을 봅니다. 그것이 우리 인간입니다.

사람이 모두 다 똑같을 수 있느냐 하는 질문에 똑같을 수 없다는 대답이 상식입니다. 사람은 모두 서로 다른 고유한 지문과 유전자를 갖고 태어납니다. 체질과 기질이 다릅니다. 사람도 다르고, 병의 원인도 다르기 때문에 처

방도 다르게 해야 합니다. 각자의 생명을 살리는 자연 법칙도 다릅니다. 우리 사회의 다양성과 개방성은 퍼스낼리티에 대한 인정에 있습니다.

그래서 각 개인의 개성을 살리는 패션(Fashion)은 사치가 아닙니다. 그러나 몰개성적인 명품 열풍은 퍼스낼리티에 대한 거부권 행사입니다. 불만족 욕구의 비상구로도 인정하지만, 그 밑에 도사리고 있는 자기 개인성을 찾지 못한 비참한 결과입니다.

펄펄 뛰는 활어회는 생각만 해도 입맛이 생기고 군침이 돕니다. 싱싱한 생선회를 내륙에서 먹기 위해서는 바다에서부터 오랜 시간 운송을 해야 합니다. 운송 도중 스트레스를 견디지 못한 생선(청어)들은 대부분 죽습니다. 그래서 나온 아이디어가 '천적(메기)'입니다. 즉, 운송 탱크에 천적 몇 마리를 집어넣어준 것입니다. 그러자 참으로 신기한 일이 발생했습니다. 천적과의 동침에도 불구하고 내륙에 도착하는 순간까지 절대 다수가 살아남은 것입니다. 소수의 허약한 생선은 천적의 밥이 되었지만, 대다수의 물고기는 잡아먹히지 않으려고 쫓기면서 싸우기도 하고, 도망을 다니는 와중에 새로운 생명력이 생성되었습니다. 청어의 천적인 메기가 청어를 잡아먹기 위해 쫓아다님으로써 청어들이 도망가는 운동을 하게 해 건강해진 것입니다. 생존을 위협하는 적정한 스트레스는 오히려 유기체의 생명력을 살리는 역할을 합니다.

　퍼스낼리티가 개인 각자마다 다르다는 사실은 경쟁적 생존 방식을 일깨워줍니다. 다양성에 대한 인정만이 새로운 생명력을 주고 세상을 살립니다. 모두가 똑같으면 무슨 재미로 살까요. 모두가 다르기에 화합도 필요합니다. 다양성에 대한 인정은 전체의 힘을 강화시켜줍니다. 새로운 생명력을 일으킵니다. 시너지 효과가 발생합니다. 그렇다고 자신을 버리자는 것이 아닙니다. 다른 사람의 감정을 배가시켜 인생에서 좋은 결과를 만들어 내는 것입니다. 나의 삶이 보다 나아지기 위해서 다른 사람의

차이를 찾아 그것을 인정하고 받아들여야 합니다. 이것
이 퍼스낼리티를 올바르게 이해하는 것입니다.

17

모든 감각을 다해
마음을 연다는 것

　　　　　　　　·
　　　　　　　　·
　　　　　　　　·

　　인생에 성공했던 사람이면 누구든지 강조하는 말이
있습니다. 특히 인간관계를 통해 행복의 법칙을 발견했
던 사람은 더욱더 이 말을 강조합니다. '열린 마음(Open
mind)을 가져라!'입니다. 열린 마음을 가지면 이 세상을
모두 받아들일 수 있습니다. 그래야 삶이 행복합니다. 열
린 마음은 다른 말로 '경청'입니다. 마음을 열라는 뜻입
니다. 마음을 열면 상대방의 이야기가 잘 들리고 관계 맺
기가 두터워지며, 이 관계가 부(Wealth)와 성공을 창조합
니다. 모두 같은 이치입니다.

　　그런데 도대체 어떻게 마음을 열어야 할까요? 그 답은
'눈부터 먼저 뜨라(Open your eyes)!'입니다. 열린 마음을
가지면 세상의 모든 일을 받아들일 수 있고, 이는 모든

것을 끌어당기는 힘이 됩니다. '마음을 연다'고 합니다. 마음이 어디에 있는지 알 수 없는 우리가 어떻게 그것을 연다는 것일까요? 애초에 우리의 마음은 닫혀 있지 않습니다. 다만 내 마음과 다른 사람의 마음이 연결되지 않았기에 닫혀 있다고 생각하는 것입니다.

내 마음은 어디에 있을까요? 닫힌 마음을 가졌다는 건 인간관계가 순조롭지 못하다는 의미입니다. 열린 마음은 타인을 받아들이는 힘이고, 자신이 열려 있지 못하면 타인이 들어올 문이 없다고 생각할 수 있습니다. 우리 의식이 타인을 그 자체로, 다른 '나'로 받아들여야 한다는 말입니다.

사람은 관계 속에서 존재할 수 있고, 관계 맺기를 하지 않으면 사회생활에서 생존할 가능성이 낮아집니다. 다른 나에 대한 존재를 인정해야 하는 것입니다. 이것이 열린 마음의 본질입니다.

내가 세상을 밝게 보면 세상이 밝아집니다. 내가 세상

을 이롭게 보면 세상은 이로워집니다. 당신만의 갇힌 생각 속에서 나오면 마음은 스스로 열립니다. 열린 마음은 바늘과 같이 미세한 구멍일지라도 상대방 마음의 벽을 무너뜨립니다. 열린 마음은 무한대의 힘을 발휘합니다. 먼저 여는 것이 관건입니다.

자신의 기준에 맞춰 세상을 판단하면 절대로 마음의 문을 열 수 없습니다. 마음의 벽을 없애기 위해서는 상대방의 단점(이것도 열린 마음이라면 그렇지 않겠지만)을 보지 말고, 그 자체의 퍼스낼리티를 인정해야 합니다. 나의 세계관이 확고하면 할수록, 상대방의 단점은 더욱 잘 보입니다. 그 단점이 상대방의 세계관이라면 어떻게 할 것인가요? 퍼스낼리티는 개인적 차이를 이해하는 것이기에 오히려 그 단점이 눈에 들어오는 순간을 빠르게 포착하게 됩니다. 그리고 단점을 인정해야 합니다. 그래야만 상대방과의 관계를 극적으로 바꿀 수 있습니다. 상대방의 특성(성격)을 우리는 그 사람의 고유한 퍼스낼리티로 존중해야 합니다. 이것이 열린 마음의 본질입니다.

퍼스낼리티에 대한 이해는 상대방의 다름이 우리의 인생에서 꼭 필요한 존재라는 사실을 인식하는 것입니다. 이 인식이 우리 자신을 눈에 띄게 변화시킬 수 있습니다. 열린 마음을 통해 나의 내적 변화가 일어납니다. 상대방의 관점을 나의 관점으로 받아들일 때 나의 마음은 변화합니다. 그 내적 변화 속에서 우리는 성장합니다. 삶의 또 다른 가치를 이런 변화 속에서 자연스럽게 획득할 수 있습니다.

현대는 마음의 시대입니다. 마음의 벽은 나 자신을 갇히게 만듭니다. 마음을 밑바닥에 감추어놓는 것이 닫힌 마음입니다. 닫힌 마음을 깨우기 위해서는 퍼스낼리티를 이해해야 합니다. 각 개인의 차이를 이해하고 받아들여야 합니다. 상대방의 개인성을 있는 그대로 바라보고, 그들의 얘기를 긍정적으로 받아들임으로써 당신은 마음을 열 수 있는 행운의 열쇠를 받게 됩니다.

다시 원점으로 가보겠습니다. 마음은 어디에 있을까요? 마음이란 무엇일까요? 마음속, 가슴, 심장, 몸의 관점에서는 마음을 알 수 없습니다. 마음은 머리(Head), 즉 두뇌(Brain)입니다. 생각은 늘 두뇌 속에 있다고 여기지 않나요? 그러면 두뇌 속에 마음의 공간이 있어야 하는데, 우리는 두뇌 속에 마음이 없다고 생각합니다. 당신은 마음이 아플 때 가슴을 거머쥡니다. 그렇다면 마음은 가슴(Heart)속에 있는 것일까요? 가슴을 아무리 들여다보아도 마음은 없습니다.

그래서 '마음먹기(Mindset)'가 어렵습니다. 마음이 어디에 있는지 아무리 찾아봐도 없지만, 우리는 마음을 느낍니다. 그럼 마음은 무엇일까요? 나 자신의 체험 속에서 마음을 느끼고 있습니다. 온몸 전체에서 느껴지지 않나요? 내가 느끼는 것이 진실입니다.

그렇다면 마음은 생각이 온몸 전체, 감각 속에 골고루 스며 있다고 해야 합니다. 오감으로 느끼는 그것이 마음

아닐까요. 그래서 열린 마음은 오감을 자유롭게 열어놓는다는 뜻입니다. 열린 마음은 곧 몸 감각(Body sense) 전체입니다.

오감 센서(Sensor)가 마음의 현상적 측면이고, 이를 통해 인간 존재 전체(몸, 마음, 영혼)가 느끼는 것입니다. 생각과 판단 이전의 마음으로 돌아가는 것이 열린 마음입니다. 나에 대한 집착, 나의 프리즘을 통해 세상을 보는, 그런 상식과 편견으로 세상을 판단하지 말고, 선악 이전의 세계로 돌아가 시비와 분별의 생각을 넘어서야 합니다. 사랑과 자비를 품은 영혼은 집착의 옷을 벗고, 판단의 칼을 버리고, 편견의 베일을 걷어낸 상태입니다. 그러면 마음이 열리고 정신이 자유로워집니다.

타인에 대한 생각과 판단 이전으로 돌아서는 순간, 퍼스낼리티는 서로 통합니다. 비로소 내면의 상처는 아물고 이제 세상과 한 몸이 됩니다. 사람들과 잘 지내기 위해서는 퍼스낼리티를 인정하는 마음가짐이 가장 중요합니다. 퍼스낼리티를 중시할 때, 공동체에 따뜻한 바람이 불어올 것입니다. 치열한 경쟁 속에서 자기 앞만 보며 이기적으로 사는 불쌍한 삶을 살아서는 안 됩니다. 잘 산다는 것은 자연을 이해하고 이웃을 이해하는 '무위적(無爲的) 공동체 의식'이 있어야 가능합니다. 그래서 열린 마음은 '공동체 감각'입니다.

생태계의 적자생존적 진화를 통해 생물체가 살아남는 원리는 개인이나 기업이 살아남는 원리와 놀랍도록 닮았습니다. 차별화에 의한 생존 원리인데, 이는 퍼스낼리티를 바라보는 시선과 동일합니다. 퍼스낼리티는 다름에 대한 인정이며, 다르기 때문에 사회 속에서 서로가 존재 의미를 인정하고 생존할 수 있습니다.

생물학적인 공진화(共進化, Co-evolution)는 모든 구성원들이 다른 구성원들과 상호작용을 통해 함께 진화하는 현상입니다. 한 개인의 선택은 독자적인 판단에 의해서가 아니라 다른 개인들의 전략에 대한 최선의 대응에 의한 것으로, 진화는 공진화의 결과물입니다.

열린 마음은 상대방의 마음을 그 자체로 인정하는 것입니다. 그것은 개개인의 차이를 이해하고, 생활 속에서의 생존 능력인 퍼스낼리티에 대한 공감입니다. 우리가 인간관계의 질을 중요시하는 사람이라면 다른 사람을 있는 그대로 대우해주어야 합니다. 그러면 그들이 진실로 기뻐한다는 사실을 발견할 수 있습니다.

상대방의 입장에서 생각하고 노력하는 것이 열린 마음입니다. 그 사람의 마음이 되어 생각함으로써 감정 이입이 일어납니다. 사람끼리 서로 연결되어 있을 때 현실은 존재합니다. 나와 다른 나와의 공존(Co-existence) 상태, 나와 모든 사람과의 공존 상태, 나와 세계, 자연, 우주와의 공존 상태가 있는 그대로의 현실입니다.

그래서 열린 마음을 통하면 전 우주가 통하게 됩니다. 마음속에 봉인된 퍼스낼리티의 비밀은 내 마음이 열림으로써 얻을 수 있습니다. 내 마음이 열리면 모든 것이 마음먹은 대로 될 것입니다.

18

거시와 미시를 오갈 때,
삶은 조화로워진다

인간의 지각(Perception) 범위는 항상 자기 주변에서 시작됩니다. 고상하게 말하면 '미시적'입니다. 자기 주변에서 일어난 모든 사건에 대한 느낌이 지각의 시작입니다. 범위를 좁히면 자기의 지각을 넓힐 수 없습니다. 그래서 고착된 인식을 하게 됩니다. 이것을 '고정 관념'이라고 합니다.

생각은 항상 크게 해야 합니다. '거시적' 관점이지요. 멀리 쳐다보면 더 넓은 지각을 할 수 있습니다. 생이 유한하다고 하여 유한하게만 생각하지 마세요. 낭신의 생은 무한합니다. 끝이 없습니다. '끝이 없다'는 말이 지나친 표현일까요? 결코 그렇지 않습니다.

하늘과 땅 사이에는 인간이 존재합니다. 하늘과 땅 사

이엔 간격이 없습니다. 그 경계선을 우리가 그을 수는 없습니다. 그러나 인간은 경계선을 그으려고 합니다. 끝이 없는 이 우주의 무한성도 대지와 맞닿아 있습니다. 그 대지 위에 굳건히 서 있는 '나'라는 존재는 그들을 연결시킵니다. 그래서 '천지무간(天地無間)'입니다. 하늘과 땅이 이럴 진대 인간과 인간 사이는 더 이상 말할 필요가 있을까요. 당신은 이 사실을 믿어야 합니다.

인간(人間)이란 말뜻도 '인(人)의 사이(間)'입니다. 그래서 인간에게는 차이가 존재합니다. 그 차이가 바로 퍼스낼리티입니다. 인간은 항상 움직입니다. 몸이 움직이든, 마음이 움직이든, 영혼이 움직이든 역동성이 내재되어 있습니다. 한곳에 머물지 못합니다.

그래서 퍼스낼리티에 대한 이해가 우리를 보다 더 위대하게 만듭니다. 퍼스낼리티 전체가 우주를 구성하고 있다면, 각자의 역할과 생의 목적은 퍼스낼리티에 따라 다르겠만 궁극적으로는 모두 같습니다. 퍼스낼리티의 차이는 인간과 인간의 사이(Between, 間)입니다. 사이는 인간의 시작과 끝을 밝히는 빛을 말합니다. 퍼스낼리티는 개인들의 꿈을 실현시키는 밝은 등대입니다.

미시적 관점(개인)과 거시적 관점(우주)은 서로 연결되어 있습니다. 분리되어 있지 않습니다. 하지만 인간은 그렇지 못합니다. 항상 미시적 관점에서만 움직이려고 합니다. 어쩔 수 없는 생의 문제입니다. 마음이 슬퍼질 때 밤하늘을 쳐다봅니다. 밤하늘을 꿰뚫고 지나가는 유성을 본 적이 있나요? 이때 마음속의 소원을 빌면 소원 성취가 가능하다고 합니다. 흐르는 유성을 보고 흘러가는 생을 깨달으면 좋으련만, 인간은 그렇지 못합니다.

지구는 태양 둘레를 공전(公轉)하면서 자전(自轉)합니다. 지구에 태어난 이상, 제대로 살려면 싫든 좋든 간에 우주의 리듬에 따라야 합니다. 개인과 환경(사회, 자연, 우주) 역시 공전과 자전을 되풀이해야 합니다. 우리의 삶이 제 모습을 갖추지 못하는 까닭은 자전과 공전을 조화롭게 운행하지 않았기 때문입니다. 개인과 사회, 자연의 리듬을 거부해서는 안 됩니다. 산다는 것은 완전한 인간이 되기 위한 탐색이 아닐까요. 자전과 공전이라는 우주의 리듬을 나의 리듬과 조화시키는 일입니다.

세상일을 미시적으로 보지 말고 항상 거시와 미시를 오갈 필요가 있습니다. 미시적 관점은 개인 퍼스낼리티의 한 부분 부분을 모은 것이지만, 거시적인 관점은 개인 퍼스낼리티의 우주적 확장에 근거하고, 극단적으로는 전 인류의 퍼스낼리티를 흡수한 것입니다.

열린 퍼스낼리티, 항상 변화하는 퍼스낼리티에 대한 공감성은 당신에게 사회 관계에서 보다 올바르게 대처할 수 있는 힘을 키워줍니다. 이타주의적 관점, 나 자신이 세상에서 가장 귀중한 존재이기에 남도 나와 같이 귀중하다는 공감의 정신을 일깨워줍니다. 우리 모두 밖으로 드러난 형상은 틀리지만 각각 갖고 있는 부분은 인간이기에 동일하다는 사실을 잊지 말아야 합니다.

개인의 아이디어와 통찰력도 미시(Micro)와 거시(Macro) 사이를 왔다 갔다 할 때 나옵니다. 어린 시절 혹시 달동네에 가본 적이 있는지요. 구석구석 골목으로 이어진 동네는 미로를 학습하는 장(場)입니다. 그러나 어떤 길로 들어서도 반드시 샛길과 샛길은 이어져 있습니다. 초행길이라도 돌아다니다 보면 반드시 집은 찾아집니다. 어느 길로 가든지 우리의 집은 언제나 거기에 있습니다. 매일매일 습관적으로 찾아가던 길이라도 한 번 길을 잘못 잡으면 그날은 하루 종일 고생입니다. 그러나 집으로 가는 길은 낯선 풍경 속에서도 이미 존재합니다. 미시와 거시는 이런 것입니다.

다른 길은 새로움을 줍니다. 항상 가던 길이 아니지만 도착 지점은 같습니다. 그러나 낯선 길에서 나의 마음은 새로움과 동시에 불안감을 느낍니다. 우주에서 보면 거시적으로 모든 길은 연결되어 있습니다. 항상 주변만 쳐다보지 말고, 낯선 길로 들어섬으로써 우리는 또 다른 새로운 세상을 만날 수 있습니다. 퍼스낼리티도 마찬가지입니다. 낯선 길은 틀린 길이 아닙니다. 경계를 벗어날 때 당신의 시야는 보다 넓어집니다.

인간 모두 각각이 개인적임을 이해하는 것이 퍼스낼리티의 본질을 이해하는 것입니다. 이를 위해서는 거시와 미시를 동시에 쳐다보아야 합니다. 이를 통해 나 자신의 발전 방향을 이해할 수 있습니다. 혼자가 아닌 모든 인간과의 관계가 이루어지면 당신은 모두를 사랑할 수 있습니다. 사랑은 '우주적인 개방'입니다. 우리는 모두 연결되어 있습니다. 나 개인의 생각을 통해 타인의 생각을 이해해야 합니다. 그럼으로써 '나는 내가 아니라 너'이고, '너도 너가 아닌 나'가 될 수 있습니다.

퍼스낼리티에 대한 이해는 사회생활 속에서 생존력을 높이는 절대적인 힘입니다. 인간 대 인간의 미시적 관점을 거시적 관점으로 해석해야 하고, 거시적 관점에서 발생한 사건을 '나'를 중심으로 미시적으로 해석하여 그 경계를 넘나들 수 있어야 합니다. 그러면 세상 관계에서 조화를 이룬 삶을 살 수 있습니다. 타인을 사랑하는 정신이 여기에서 출발합니다. 사랑의 의미는 퍼스낼리티(각자의 생존 이유) 속에서 비로소 이해가 됩니다.

고도 성장기에 이른 현대 사회의 라이프 스타일 변화 속도는 우리를 시시각각 당황스럽게 만듭니다. 라이프 스타일 변화에 우리가 적응하지 못하면 도태될 것 같은 느낌이 듭니다. 하지만 그럴까요? 그렇지 않습니다.

라이프 스타일도 하나의 미시적 관점에서 보면 '퍼스낼리티'입니다. 거시적 관점에서 보면 그것은 늘 반복됩니다. 유행도 시간이 가면 다시 돌아오듯, 라이프 스타일의 변화도 시간이 가면 다시 돌아옵니다. 그 시대의 사회에 존재하는 사람은 느끼기 힘들 것입니다. 높이 날아 멀리 거시적 관점에서 바라보면 이를 지각하게 됩니다. 인간의 유한함과 우주의 무한함을 연결시키는 깨달음은 경계를 넘나드는 것입니다. 여기에 퍼스낼리티에 대한 본질적 이해가 숨어 있습니다.

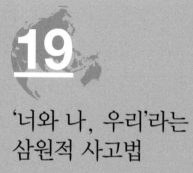

19

'너와 나, 우리'라는
삼원적 사고법

．
．
．

이원적 사고(Dual thinking)는 인간의 기본적인 사고 형태입니다. 이원적 사고를 하지 않으면 인간이 아닙니다. 선과 악, 만족과 불만족, 기쁨과 슬픔, 행복과 불행, 희망과 절망 등 인간은 이원적 사고에서 벗어날 수 없습니다. 이는 인간에게 있는 두 마음에서 발생합니다. 내부와 외부, 오른쪽 두뇌와 왼쪽 두뇌 말입니다. 그러나 잘 살펴보면, 인간은 거의 대칭입니다. 대칭을 분리해서 보지 말고 합쳐진 상태로 봐야 합니다. 그러기에 이원적 사고에서 벗어나는 길만이 우리를 행복하게 만듭니다.

너와 나의 퍼스낼리티에서 너와 나, 우리라는 새로운 퍼스낼리티의 개입이 '삼원적 사고(Trial thinking)'의 출발점입니다. 삼원적 사고는 중요합니다. 숫자 '3'의 중요성은 여기에 있습니다. 성자와 성부와 성령의 이름으로 축복하는 기독교의 논리나, 물체의 세 가지 상태(고체, 액체, 기체), 하루의 중심(아침, 점심, 저녁), 삼원색(빨강, 파랑, 노랑), 전자와 양자 그리고 중간자의 원자 구조, 고구려의 심벌인 삼족오, '삼세판' 등 우리의 의식 한 쪽에는 항상 삼원적 사고가 존재하고 있습니다.

우리가 지각하는 세계도 3차원입니다. 삶의 여정도 생성과 존재와 소멸로 표상되는 세 국면, 즉 시작, 중간, 끝이라는 삼원적 사고입니다. 삼원적 사고는 이원적 사고의 통합적 연결을 이루게 하는, 보이지 않는 또 하나의 사고를 포함합니다. 또 하나의 사고는 이원적 사고의 한 쪽 측면을 극단적으로 분리하지 않는 사고입니다.

물질의 세계나 인간 정신세계의 본질은 삼원론에 근거합니다. 우리는 살아가면서 이원론에 빠져 행복을 스스로 버리고 있습니다. 합쳐진 그 상태에 대한 인식이 삼원적 사고의 바탕입니다. 그것은 가장 안정적인 우주의 구조가 '3'으로 되어 있기 때문입니다.

3차원 공간에 힘이 작용하는 축은 가로, 세로, 높이의 세 방향입니다. 지구상에서 가장 단단한 물질이 다이아몬드입니다. 원래 다이아몬드는 성분상 쉽게 마멸되는 흑연과 다를 바 없습니다. 그러나 흑연과 달리 다이아몬드가 가장 단단한 물질이 될 수 있는 비밀은 탄소의 결합 방식 때문입니다. 흑연이 벌집 모양의 6면체 평면 결합을 하고 있는데 반해, 다이아몬드는 정삼각 뿔모양의 사면체 결합입니다. 피라미드의 형태와 같이 다이아몬드는 사면이 정삼각형으로 된 삼각뿔의 입체적 공유 방식인 삼원적 구조이기 때문에 강도가 큽니다.

퍼스낼리티에 대한 이해는 개인의 차이를 이해하는 능력이고, 이를 올바르게 이해하기 위해서는 이원적 사고에서 벗어나야 합니다. 그러면 생에 있어서 나타나는 모든 갈등은 사라집니다. 제3의 인자가 극명하게 다투는 둘의 인자를 포함시키기 때문입니다. 삼원적 사고는 각각의 퍼스널리티를 있는 그대로의 상태에서 조화롭게 하기 때문에, 사회생활에서의 적응력이 좋아지고, 새로운 세상을 바라보는 발판이 될 수 있습니다.

　이원적 사고는 3차원에 살고 있는 인간이 늘 2차원만 바라볼 수 있기 때문에 발생하는 것 아닐까요? 사실 이론적으로 보면 인간이 3차원적 시각을 갖기 위해서는 인간 자신이 4차원의 세계에 존재해야 합니다. 나를 4차원의 세계로 보내야 합니다. 4차원의 세계에서 3차원을 바라본다면, 이 문제는 근원적으로 발생되지 않습니다. 4차원의 세계에서는 생존에 대한 격렬한 싸움이 없습니다. 시공을 초월함으로써 인간 세상의 부질없음을 알게 되기 때문입니다. 퍼스널리티에 대한 이해는 이원적 사고에서 삼원적 사고로 전환함으로써 가능합니다. 그래서 이 세상에 살고 있는 우리, 그리고 너와 나는 올바른 관계를 맺게 됩니다.

기업 경영에서도 '세 가지 긴장(The three tensions)'이라는 경영 전략이 있습니다. 이는 기업들이 경영 현장에서 항상 직면하는 세 가지 트레이드오프(Trade off), 즉 성장 대 수익, 장기 대 단기, 전체 대 부분의 문제를 다룹니다. 즉, 어느 하나를 위해서 다른 하나를 포기하거나 타협을 해서는 안 되며 경영자의 최우선 과업은 상충되는 목표들 사이에서 둘 중 하나를 선택하는 역할이 아니라, 이를 동시에 달성해 탁월한 성과를 얻는 것입니다.

혁신적인 사고를 통해서 수익성이 수반된 성장, 미래를 위한 준비와 함께 현재의 수익 확보, 전체적인 조화 속에서 성과를 내는 개별 부분의 탁월성을 동시에 달성해내는 것입니다. 이는 두 가지 목표를 연결해주는 고지를 동시에 달성할 수 있다는 것입니다. 이것이 '삼원적 경영 사고'입니다. 삼원적 사고는 창조적인 사고에 근접합니다. 일원적 사고들의 결합 속에서 새로운 사고의 틀인 삼원적 사고가 발생됩니다. 이는 각자의 성격을 이해하고 부둥켜안을 때 가능한 것입니다.

세상에 존재하는 다양한 인간의 성격이 모두 한 곳으로 향할 때, 우리는 그 누구라도 무섭지 않습니다. 그곳은 각각의 퍼스낼리티가 존재하면서 동시에 사라지는 공간입니다. 나를 잃지 않고 나를 살리는. 너를 잃지 않고 너를 살리는 힘의 원천은 '퍼스낼리티에 대한 이해' 속에서 탄생합니다.

외부의 즐거움과 내면의 외로움과 같은 이원적 사고는 자웅동체입니다. 이러한 깨달음은 그 순간에 잠깐 나타나고, 금세 잊혀질 것입니다. 삼원적 사고가 이를 감싸 안을 때, 삶의 이치에 대한 깨달음은 지속됩니다. '1+1=3'의 해법이 바로 이원적 사고에서 삼원적 사고로 가는 길입니다. 갈등과 대립은 개인부터 사회, 국가, 세계적으로 존재합니다. 이를 극복해 전체를 최적의 상태로 만들어가는 것이 성공입니다.

협조하면서 전체 이익을 창조적 공존의 게임으로 전환하는 것이 삼원적 사고입니다. 삼원적 사고는 각각의 퍼스낼리티를 이해하고 통합을 이루어내는 사고입니다. 둘

중 하나를 버리는 것이 아니라, 함께 어울려 시너지 효과를 내는 것입니다. '구동존이(求同存異, 같은 것을 추구하되 다양성을 인정하다)'입니다. 성공하는 사람들은 모두 다른 것을 포용하고 그들과 공존함으로써 새로운 발전의 에너지를 창출해낸 사람들입니다. '1+1=3'은 새로운 에너지를 창발하는 역동성이 있어야 창조적으로 공존합니다.

대립하거나 이질적인 가치가 공존하기란 쉽지 않습니다. 자연 생태계는 수억 년 전부터 다양성의 공존이라는 지혜를 통해 생존하고 발전하고 진화해왔습니다. 다른 형질 간의 이종(異種) 교배는 같은 것끼리의 동종(同種) 교배보다 유전적으로 우성이고, 한류와 난류가 만나는 곳이 가장 풍부한 어장입니다. 난자는 자신에게 접근하는 수억 마리 정사 중 가장 이질적인 DNA의 정자를 선택합니다. 이렇듯 삼원적 사고는 각자의 퍼스낼리티를 인정하면서 통합시키는 것으로 새로운 생명력을 탄생시키는 원리입니다.

이제 이원적 사고에서 벗어날 때입니다. 이것만이 진정한 창조적 생활을 이루는 밑바탕이기 때문입니다. 미시와 거시의 통합 속에서 서로의 경계가 사라질 때 삼원적 사고가 수면 위로 떠오를 것입니다. 삼원적 사고는 모두를 통합하는 에너지가 되고, 그 에너지로 세상은 행복해질 것입니다.

66

퍼스낼리티에 대한 이해는 개인의 차이를 이해하는 능력이고,
이를 올바르게 이해하기 위해서는 이원적 사고에서 벗어나야 합니다.

그러면 생에 있어서 나타나는
모든 갈등은 사라집니다.

99

For
Originality

제5장

...

[창 조 성]

가능성을 현실로 만드는 생각의 차원

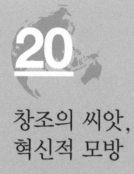

20

창조의 씨앗,
혁신적 모방

세상이 엄청난 속도로 변해가고 있습니다. 지금은 시대의 전환기입니다. 인터넷으로 세상이 빨라지고, 모든 지식과 지혜가 공유되고, 모든 영역에서 개혁의 바람이 불고 있습니다. 그래서 경직된 기존 가치에 도전할 수 있는 새로운 역량인 '창조성'이 가장 중요해지고 있습니다.

모든 창조성의 근원은 생각이 지능을 가졌을 때 가능합니다. 이 지능이 '상상력(Imagination)'입니다. 상상력을 통해야만 창의력은 드러납니다. 마음의 눈으로 내부를 보면서 싱싱을 합니다. 내면의 눈은 직관의 힘입니다. 직관(Intuition)은 마음의 흔들림입니다. 순간의 흔들림은 상상력을 발동시키고, 창의성을 발휘하게 합니다.

생각이 지능을 가지면, 지식을 통해 새로운 세상으로

들어갈 수 있습니다. 그 새로운 세상이 상상력의 세계입니다. 상상력은 보이지 않는 삶과 세계에 대한 미래 선취적인 창조적 안목이고, 나아가서는 현실을 변혁시킬 수 있는 힘입니다.

인간은 상상적 연대 안에서만 활력과 의미가 있는 공동체를 만들 수 있습니다. 나의 삶에서 일어나는 모든 일은 내가 만드는 것임을 잊지 말아야 합니다. 이것이 창조성의 근원적인 사고입니다. 내적 동기가 일으키는 열정과 상상력을 통한 사고의 혁신, 그리고 다양한 지식과 경험 속에서 크리에이티비티(Creativity, 創)는 발휘됩니다. 그냥 막연히 생각만 한다고 이루어지는 것이 아닙니다. 숨어 있는 힘, 창조력은 우리 스스로 그것을 끄집어내려고 노력하는 순간, 그 집중 속에서 빛을 발휘합니다. 내 마음속에서 깊숙하게 잠자고 있는 무한의 능력을 깨워보세요.

처음부터 크리에이티비티를 어렵게 생각하지 마세요.

신의 창조성은 무(無)에서 유를 창조하지만, 인간은 유(有)에서 유를 창조합니다. 창조는 별것이 아닙니다. 그것은 항상 새로움(Newness)을 간직하면 됩니다. 그럼 새로움이란 무엇일까요.

인간 세상에 처음 등장한 것은 모두 다 새로운 것입니다. 창조성이 신의 영역이라고 하여 두려워하지 마세요. 그 두려움이 창조적 능력을 말살시킵니다. 좋은 마음만 있다면 못할 일이 없습니다. 인간 세상의 진화는 항상 지금, 이 순간에 우리도 모르게 일어나고 있습니다. 그것은 가장 좋은 것(Best thing)에서 출발하고, 우리는 그것보다 더 나아지기만 하면 됩니다.

새로움도 특별한 것이 아닙니다. 이것은 '혁신적 모방(Innovation imitation)'을 뜻합니다. 새로운 아이디어도 기존의 아이디어를 새롭게 해석한 것입니다. 어쩌면 이 세상에 존재하지 않았던 것, 미래에 존재할 것에 대한 아이디어의 씨앗은 이미 그 자리, 내 마음속 어느 한 곳에 심어져 있습니다.

애플이 만든 아이팟(Ipod)은 스티브 잡스의 아이디어지만, MP3인 아이리버나 소니의 워크맨, 소리바다 같은 인터넷에서 음악을 파는 사이트가 있었기에 가능했습니다. 창조성에 의한 상상력이란 이미 있는 것들을 통합해서 새로운 것으로 만들어내는 능력을 말합니다.

새로움은 경이로운 자연 현상의 핵심적 언어입니다. 항상 우리는 새롭게 태어남을 알고 있지 않은가요. 이러한 삶의 원칙을 안다면 새로움에 대한 인식이 변화됩니다. 이것이 성장의 비밀입니다. 삶의 원칙을 잊어버리면 생활에서 스트레스가 쌓여 죽음의 문턱, 창조성이 없는, 새로움이 없는, 과거의 환영 속에서 벗어나지 못합니다.

가장 쉬운 새로움의 발견은 현재 존재하는 것들을 모방하는 데에서 탄생하고, 이것을 혁신적으로 변화시키는 것입니다. 그래서 창조는 혁신적 모방입니다. 모방을 통한 혁신으로 성공한 개인이나 기업들의 공통점은 자신에게 가장 중요한 역량(핵심 역량)이 무엇인지를 쉽게 파악하는 능력이 있다는 것입니다.

나에 대한 이해와 분석이 없이는 남의 것도 배울 수 없습니다. 그래서 우리는 끊임없이 관찰하고 스스로 학습해야 합니다. 학습은 자신의 부족함을 언제나 인정하고, 현실에 안주하지 않는 자세를 요구합니다. 타인과 미래 앞에 겸손하지 않으면 배움은 불가능합니다. 항상 내가 더 나아질 수 있다면 누구에게든 배워야 합니다. 항상 배우는 자세, 이것이 혁신적 모방의 핵심입니다.

불이 난 숲에 다시 새싹이 돋아나고, 상처 난 곳에 새로운 살이 나서 아물 듯, 규칙적으로 새로움에 의해 과거의 흔적은 사라지고 맙니다. 이 위대함은 우리 주변 어디서나 존재합니다. 이 사실을 깨달으면 나의 내면에 존재하는 창조성이 살아납니다. 작은 변화가 큰 변화를 만들 듯, 내 안의 창조성을 발휘하기 위해서는 먼저 혁신적으로 모방해야 합니다.

이는 주변에 현존하는 사실들에 대해 세심하게 주의를 기울이는 것에서 출발합니다. 스스로 문제의식을 갖기만

해도 창조 능력은 생겨납니다. 삶의 종착역, 인간의 물리적 한계에 도달할 때까지 미루지 마세요. 지금 바로 실행하세요. 그래서 신의 모습으로 만들어진 인간의 고유한 능력을 발휘해야 합니다. 혁신적 모방은 매우 사소하지만, 우리가 갖고 있는 창의성의 힘을 발휘하게 하는 시작점(Starting point)이 됩니다. 작은 부분에 큰 힘이 숨어 있고, 혁신적 모방 속에 창조의 거대한 힘이 있습니다.

지금 이 순간 최선을 다하면, 우리 자신도 모르게 창의성은 그 실체를 드러내 보여줍니다. 당신 주변의 모든 현상이 상상력의 불씨가 되고, 그 속에서 창의력이 나옵니다. 창조의 영감은 당신 내부의 힘, 당신 내부를 바라보는 관찰자의 시각과 청각으로 당신의 환경을 끊임없이 탐구하는 순간 나타납니다. 모방은 바로 당신 주위의 모든 존재 속에 있고, 혁신이란 당신 자신의 내부에서 그 개념을 똑바로 읽어내기만 하면 가능합니다. 창조의 메시지는 분명하게 당신 주위에서 신호를 보내줍니다. 그 신호의 낌새를 찾아 혁신적으로 움직이면 됩니다.

창조적 재능이 있는 사람을 유심히 관찰해보면, 그들의 창조력은 다양한 분야에 관심을 갖고 끊임없이 공부하는 것에서 비롯됩니다. 호기심과 관심은 우리 안에 숨어 있는 능력을 깨웁니다. 우리 눈에 보이는 것을 파악하고 그것을 새롭게 변화시키는 능력이 창조력입니다. 이는 자연의 선물입니다. 당신 가까이에 존재하는 사물의 본질을 읽기만 하면, 그 개념을 내 안에 받아들이면, 혁신적 모방은 자연스럽게 일어납니다. 이것이 창조를 실현하는 가장 쉬운 방법입니다.

먼저 사물의 본질을 읽고, 여기에 관련된 조사와 실험, 아이디어의 씨앗을 찾아낼 때까지의 노력이 수반되면 됩니다. 그렇기에 창조성의 열쇠는 당신에게 있습니다. 호기심 속에서 지식 기반이 갖추어지고, 다양한 관심으로 사물을 관찰할 수만 있다면 이는 쉽게 다가옵니다. 우리 삶에서 완전한 창조란 없습니다. 스스로 그 위대함을 창조하고 새로운 것을 창조하기보다는 '모방'에서 비롯됩니다. 우리는 평생 다양한 사물과 다른 사람을 모방하며 새로움을 추구합니다.

　어렸을 때부터 당신도 가정과 주변 사람들을 따라함으로써 하나의 인격체로 성장해왔습니다. 아이들은 부모의 태도, 습관, 두려움, 취향을 빠르게 닮아갑니다. 아이는 모방을 통해 배우기 때문입니다. 사람들은 일생을 통해 다른 사람을 계속 모방합니다. 특히 아이들은 자신들의 부모와 주변 사람들, 선생님을 모방하며 성장하고, 아이들의 생각과 행위는 타인들의 영향을 받습니다.

　따라서 부모와 주변 사람, 선생들은 아이들의 능력과 잠재된 창의력을 끌어내기 위해 스스로 언어와 행동에 대한 책임을 인식해야 합니다. 인간의 진화는 돌연변이에 의해 발생된 새로움에 대한 혁신적 모방으로써 이루어진 것입니다. 현재 시점에서 나의 이상(理想)이 누구인지를 알고 그것을 창의적으로 모방하면 됩니다. 이것이 창조성 개발에 있어 첫 번째 접근 방법입니다.

'혁신적으로 모방하라!' 어려운 일이 아닙니다. 그 속에서 지간(知間), 즉 지식과 지식 사이의 연관 관계를 읽고 그것을 확장하는 인간만이 타고난 크리에이티비티 문을 여는 열쇠를 가질 수 있습니다. 현대와 같이 끊임없이 변화하는 시대에는 공부(工夫)를 하는 사람에게만 창의성은 그 속을 보여줍니다. 하늘은 스스로 돕는 자를 돕습니다. 자기 내부의 혁신이 없는 한 외부의 능력을 받아들일 수 없습니다. 내부의 혁신 속에서 외부를 바라볼 때 혁신적 모방이 미래의 세계를 창조합니다.

21

다르게 생각하면
새로운 세상이 보인다

　　　　·
　　　　·
　　　　·

　다르게 생각하라(Think different)! 애플의 기업 슬로건이기도 합니다. 사물을 바라보는 시각을 바꿔 보라는 뜻입니다. 생각의 차원을 새롭게 하라는 것입니다. 깊게 들어가면 고정 관념을 없애라는 뜻이기도 합니다.

　모든 사람은 이미 각각 다르게 생각할 수밖에 없습니다. 이 말은 현상의 이면에 숨어 있는 '본질'을 보라는 뜻인데, 단지 다르게만 보라는 것은 절대 아닙니다. 눈에 나타난 사실에만 집착을 하지 말고, 보이지 않는 부분까지도 볼 수 있어야 한다는 것입니다. 반전보다 오히려 '창조적 도약(Creative leap)'이라는 말이 더 어울립니다. 다시 말해, 현재 생각의 차원을 뛰어넘으라는 것(Beyond present thinking)입니다.

모두가 한 곳을 보고 있을 때 나만 다른 곳을 봐야 합니다. 말은 쉽지만, 실제로 실행하기는 쉽지 않습니다. 인간은 사회적 동물이기에 자신도 모르게 습관적으로 남들이 보고 있는 방향을 봅니다. 길을 가다가 누군가 하늘을 유심히 쳐다보고 있으면, 길 가던 모든 사람이 똑같이 하늘을 쳐다볼 것입니다. 그러나 일상적인 행동에서 벗어난 행동을 추구할 수 있다면 다르게 볼 수 있습니다.

책상 위에 올라가서 사물을 보면 항상 앉아서 볼 때와는 다른 각도로 사물이 보입니다. 모든 것은 우리의 눈을 통해 보이는데, 그 눈이 일상점을 벗어나지 못하고 있다면 다른 각도, 다른 위치에 있는 같은 사물을 보더라도 달라짐이 느껴지지 않습니다. 그대로 존재하는 것을 일상의 시각에서 벗어나 보면 다르게 느껴지고, 그 다름에 의해 생각이 달라집니다. 세상은 변화하는데 나만이 변화되지 않기 때문에, 나를 변화시키기 위해서는 다르게 생각해야 합니다. 내면의 변화가 생각의 변화를 낳고, 그것으로 마음의 변화를 낳아 변화된 마음으로 사물을 지각하면 거기에서 '새로움'이 발생합니다. 그리고 그것이 '창의성의 원천'이 됩니다.

조금 더 이성적으로 이야기하면, 다르게 생각함으로써 첫째로 문제 해결 능력이 생기고, 둘째로 통합적인 사고력을 갖출 수가 있습니다. 창의력은 우리가 일상에서 접하는 문제와 현상에 대해 생각하는 방법을 다양하게 바라보게 합니다. 그럼으로써 새로운 아이디어를 얻을 수 있고, 일상적인 생활에 활력을 불어넣고 새로운 문제 해결 방안을 제시할 수 있습니다. 창의력은 특별한 사람들만이 향유하는 천부적 능력은 결코 아닙니다. 보통 사람이 누구나 갖고 있는 능력입니다.

'몸과 마음을 새롭게 하기'가 다르게 생각하기의 핵심입니다. 바쁜 일상과 삶의 혼란 속에서 생존력을 갖추기 위해서는 우리 자신을 새롭게 가다듬어야만 합니다. 새로운 가치는 새로운 생각에서 나옵니다. 삶의 가치를 새롭게 느끼기 위한 돌파구가 창조적 정신에 있다면, 그것을 움직이는 두뇌에 새로운 영양분을 지속적으로 공급해야 합니다.

이전에 몰랐던 것들 사이에서 새로운 관계를 찾아내기만 한다면, 누구나 창조적인 사람이 될 수 있습니다. 연관성이 없는 것들 사이에서 특정한 어떤 연관성을 발견하는 것, 서로 다른 기술을 결합시켜 새로운 가치를 만들어내는 것이 바로 다르게 생각하는 힘이고, 상상력의 밑거름이 됩니다.

새로운 관계를 형성시키기 위해서는 기존의 것과 다르게 생각하는 습관을 길러야 합니다. 전부를 변형시킬 수 있는 창조적 아이디어는 다른 시각에서 바라봄으로써 발생합니다. 다르게 생각하는 순간 다른 생각이 일어나고, 그 다른 생각이 문제 해결의 핵심 속으로 나를 인도합니다. 그리고 새로운 가치를 만들어냅니다. 우리의 정신을 자유롭게 하는 것이 창조성의 시작점입니다.

인간이 두 발로 서지 않았다면, 이 세상은 인간의 세상이 되지 않았을 것입니다. 두 발로 섰기에 세상을 바라보는 시각이 달라졌고, 그 달라진 시각적 충격이 두뇌의 발전을 가져왔습니다. 눈은 항상 정면을 바라봅니다. 몸을 뒤로 돌리지 않는 한 뒤는 볼 수 없습니다. 앞만 바라보는 두 눈이 뒤를 볼 수 있으려면 '심안(心眼)'을 가져야 합니다. 심안은 '제3의 눈'입니다.

우리의 인중(人中)에 존재하는 마음의 눈만이 다르게 생각할 수 있는 역할을 해줍니다. 즉, '집중'을 하라는 의미입니다. 심안을 가진 인간은 언제 어디서나 집중력을 발휘할 수 있습니다. 집중력 속에서 다르게 생각할 수 있는 힘이 생겨납니다. 집중력만이 크리에이티비티를 깨우고, 인간이 다른 생명체와의 경쟁에서 이길 수 있는 생명력을 제공합니다.

지구상의 다른 생명체와 같은 조건 속에서 생활하고 있음에도 불구하고, 연약한 인간이 지구를 자기만의 세계로 만들 수 있었던 비결은 무엇일까요? 그것은 아무 곳에서나 살 수 있는 능력 때문입니다. 열대 지방, 남극, 북극 등 인간의 발이 닿지 않은 곳은 없습니다. 오직 인간만이 어디서든 생존할 수 있었던 이유는 주위 환경의 변화를 다른 생명체와 달리 '다르게 보았다는 것'입니다. 이것이 다르게 생각하는 힘입니다.

멀리 바라볼 수 있는 시각은 두 발을 지구상에 항상 딛고 있기 때문에 가능합니다. 다르게 생각할 수 있는 힘이 인간의 두뇌를 발달시키고, 그 속에서 창의력이 생겼습니다. 크리에이티브는 신(God)의 영역입니다. 무(無)에서 유(有)를 창조하는 일은 신의 영역입니다. 그러나 그러한 신은 누가 창조했을까요?

신은 인간이 창조했습니다. 신이 인간을 창조한 것이 아닙니다. 인간이 창조한 신이 인간을 창조한 것입니다. 그래서 인간의 모습으로 신이 새롭게 탄생되었기에 '인간이 신이다'라고 역설적으로 얘기할 수 있습니다. 인간은 이미 창조적입니다. 다르게 바라볼 수 있는 시각을 지넜기에 우주의 본질, 자연의 본질을 이해할 수 있습니다.

인간이 성장해갈수록 한계는 존재하지만, 세계를 바라보는 눈높이도 높아집니다. 높아진 눈높이는 또 다른 생각의 발전을 가져옵니다. 높은 차원의 인식이 크리에이티비티를 낳는 원천이 됩니다.

22

이성과 감성의 교차점,
골드오션을 찾아서

⋮

　크리에이티비티, 즉 창조성을 발휘하기 위해서는 먼저 두뇌의 구조에 대한 이해가 필요합니다. 우리는 오른쪽 두뇌를 개발해야 창조력이 발달한다고 알고 있지만, 이는 사실이 아닙니다. 왼쪽 두뇌의 개발이 동시에 이루어져야 가능합니다. 오른쪽 두뇌와 왼쪽 두뇌의 경계가 사라지는 장소가 바로 창조성이 발화되는 지점입니다. 끊임없이 주어지는 문제를 해결하고 아이디어의 질을 판단하는 데에는 '분석적인 사고(왼쪽 두뇌)'가 필요합니다. 문제점과 아이디어를 훌륭하게 파악하고 발산하는 데는 확산적 사고가 요구되고(오른쪽 두뇌), 일상생활에서 훌륭한 아이디어와 분석 방식을 활용하려면 자발적이고 능동적인 실천적 사고(뇌의 활용과 마음가짐)가 필요합니다. 그래야 창조적인 통합적 사고 능력이 향상됩니다. 즉, 차가운 이성(왼쪽 두뇌)과 따뜻한 감성(오른쪽 두뇌)이 마주쳐야만 창조성이라는 꽃이 핍니다.

거친 파도가 치지 않는다면 당신은 배를 타고 바다로 나갑니다. 바다로 나가는 목적은 하나입니다. 고기를 많이 잡기 위해서입니다. 그렇다고 해서 아무 곳에나 그물을 쳐서는 안 됩니다. 블루오션이라고 하여 다 블루오션이 아니기 때문입니다. 바다는 이미 블루입니다. 그래서 블루오션만으로는 안 됩니다.

우리들의 '황금빛 바다'는 어디일까요? 황금빛 바다, 골드오션(Gold ocean)은 차가움과 따뜻함이 만나는 곳에 있습니다. 한류와 난류가 만나는 곳, 바닷물과 민물이 만나는 곳에 블루오션보다 강한 황금빛 어장, 골드오션이 존재합니다. 그리고 우리 안의 이성과 감성이 만나는 곳에 골드오션, 즉 크리에이티비티가 있습니다.

서로 다른 극단성이 마주치고, 자연스럽게 조화를 이루는 곳에서 새로움이 창조됩니다. 이는 상식과 고정 관념이 없어진 상태에서 시작됩니다. 상식은 합리적 이성이고, 고정 관념이 사라진 생각은 정감적인 감성입니다. 그 경계선을 넘나드는 일은 쉽지 않지만, 우리는 경계선을 사라지게 만들어야 합니다. 감성(Emotional)과 이성(Rational)의 만남이 '이모래셔널(Emorational)'입니다. 이곳이 인생의 골드오션입니다. 이들의 만남은 우리의 내부 속에서 극적으로 이루어집니다. 잠재의식 속에서 둘의 만남이 이루어질 수 있습니다. 의식 속에서는 절대로 형성될 수 없는 공간입니다.

이성과 감성은 둘이 아닙니다. 두뇌는 두뇌 그 자체의 생리에 맞게 움직이고, 생각은 의식과 무의식적 사고가 만나는 곳에서 일어납니다. 생각이 삶의 통찰력이고, 통찰력은 내부를 바라보는 시각 속에만 이루어집니다. 내면의 분리가 아닌, 내면의 화합 속에서 창의력은 그 힘을 발휘합니다. 창의력의 힘을 그 누구도 막지 못합니

다. 감성과 이성의 경계가 사라지지 않는 한 창의성은
생기지 않습니다.

창의력을 움직이는 엔진은 상상력이고, 높은 수준의
상상력이 우리 삶의 가치도 크게 높일 수 있습니다. 그
래서 우리는 블루오션보다 '골드오션'에 들어서야 합니
다. 상상력을 왼쪽 두뇌와 오른쪽 두뇌가 마주치는 곳으
로 이동시켜야 합니다.

그냥 상상력만 가지고는 안 됩니다. 상상력 자체는 무
의식적이지만, 의식적으로 상상력을 발동시키지 않는다
면 창조력은 살아나지 않습니다. 그래서 우리의 두뇌는
신비한 세계입니다. 양쪽 뇌를 고르게 자극시킴으로써
머리가 좋아지기 시작합니다. 창의성은 양쪽 뇌를 통합
시켜야 발휘됩니다. 왼쪽 두뇌와 오른쪽 두뇌, 과학자와
예술가 등 한쪽으로만 치우친 사람은 창의력이 약합니
다. 진정한 크리에이티비티의 발현은 이 둘이 마주치고
조화를 이루어야 합니다. 합리적 생각과 고정 관념을 깨
는 순간에 둘은 합쳐집니다.

숨 쉬는 이 순간에 공기는 코를 향해 들어갑니다. 형이상학(形而上學), 형이하학(形而下學)에의 '이(而)'는 코를 의미합니다. 공기는 항상 차가움과 따듯함을 동시에 지니고, 코를 통해 숨쉬는 당신의 몸과 마음에도 그대로 전해집니다. 코를 통해 숨을 쉬지만, 코의 역할은 바깥 공기를 마셔, 즉 산소를 섭취해서 그것을 두뇌로 보내는 일입니다.

연처럼 바람을 타고 높이 오를 수 있다면, 우리의 생각도 높이 오를 수 있습니다. 높이 오른 생각이 상상력을 자극하고 창의성을 이끌어냅니다. 코로 공기의 흐름을 섭취한 두뇌가 보다 높이 날기 위해서는 이성과 감성을 조화롭게 활용해야 합니다.

각종 의류나 가방은 물론, 인공 심장을 심신에 접합시키는 데 사용되는 찍찍이(벨크로)는 동물의 털에 들러붙어 먼 곳으로 이동하도록 진화한 식물의 씨를 흉내내어 만들었습니다. 자연이 이미 고안해놓은 구조, 기능, 섭리 등을 인간의 삶에 응용한 것입니다. 자연을 배워 응용하려면 기존의 지식 체계를 넘나들 수 있는 '융합적 사고'가 절대적으로 필요합니다.

당신은 지금 통섭(Consilience), 퓨전(Fusion), 컨버전스 (Convergence) 시대를 맞이하고 있습니다. 통섭과 통합은 우리의 '비빔밥 정신'과 같습니다. 세상의 모든 것은 섞여야 아름답고 강해지며 오래 살아남습니다. 이것이 새로운 창의성입니다. 창의성은 골드오션에 존재합니다. 이모래셔널(Emorational, 감성과 이성의 만남)은 크리에이티비티를 찾는 골드오션입니다. 내면 깊숙이 숨어 있는 골드오션이 우리를 창조적인 인간으로 만듭니다.

한류와 난류가 만나는 곳,
바닷물과 민물이 만나는 곳에 블루오션보다 강한 황금빛 어장,
골드오션이 존재합니다.

그리고
우리 안의 이성과 감성이 만나는 곳에
골드오션,

즉 크리에이티비티가 있습니다.

23

실패의 불연속에서
성공이 탄생한다

세상일이 자기 뜻대로 되지 않는다는 건 누구나 잘 알고 있습니다. 아무리 계획을 세우고 실행하더라도 결과는 늘 어긋나고, 진행 과정 자체도 마음먹은 대로 매끄럽게 되지 않습니다. 왜 그럴까요? 치열하게 고민하고 보다 더 정교하게 기획을 해도, 늘 과정과 결과는 원래대로 잘 이루어지지 않는 법입니다.

모든 사건의 진행은 점(Point)과 점으로 연결되고, 그 점과 점 사이에는 미세한 공간이 있습니다. 눈에 보이지 않지만 그렇게 되어 있습니다. 그러기에 우리가 그 수많은 점을 따라가면서 움직인다 하더라도, 그 사이의 빈 공간이 우리를 구렁텅이로 몰아넣습니다. 보이지 않는 바늘구멍보다 작은 빈 공간이 우리를 어긋나게 만듭니다.

빈 공간을 채우기 위해서는 눈에 보이는 현상과, 현상의 너머에 존재하는 현상들의 연결점을 찾아야 합니다. 물론 쉬운 일이 아닙니다. 모든 일이 연속선상에서 자연스럽게 진행되는 것이 아니고 일과 일 사이에는 불연속성이 존재하기 때문입니다. 이 불연속성을 연속성 있게 만드는 것이 크리에이티비티의 발현을 돕습니다.

계획은 곧은 직선의 개념으로 이해되지만, 실행은 항상 지그재그로 움직인다는 사실을 아시나요. 지그재그 현상이 실제 현장에서 발생되는 점과 점의 사이, 빈 공간의 영향입니다. 그 미세한 찰나적인 빈 공간을 연동성 있게 만들면, 인간의 미래가 성장하듯 우리의 계획도 성장곡선을 타고 움직입니다. 인생 자체도 항상 지그재그로 움직이며 정상을 향해 올라갑니다. 그러기에 자그마한 실패에 연연하지 말아야 합니다. 성공은 자그마한 실패의 지그재그 속에서 크게 이루어지는 법입니다. 지그재그한 불연속을 연속성 있게 유지해야 합니다. 그래서 실패를 두려워하지 말아야 합니다. 실패 속에 성공이 있습니다. 인생 자체가 '불연속의 연속(지그재그)'입니다.

대세를 거스를 수 없지만 빈 공간을 통제함으로써 대세의 방향을 바꿀 수 있습니다. 미래는 현재로부터 일직선으로, 연속적으로 움직이지 않습니다. 그리고 미래는 우리가 생각하는 대로 흐르지 않습니다. 이것은 불연속의 공간 속에서 발생한, 새로운 사소한 빈공간의 움직임 때문입니다.

하지만 창조성은 미래의 흐름을 자기 쪽으로 끌어당기는 힘이 있습니다. 계획이 완벽하다는 전제하에 마음을 놓아버리면 과정은 걷잡을 수 없이 다르게 갑니다. 마치 나사(NASA)에서 지구의 대기권을 벗어난 인공위성을 조종할 때 미세하게 방향을 잘못 잡으면 우주의 미아가 되는 것처럼 정말로 쉽지 않습니다. 이것도 점과 점 사이 빈 공간의 위력입니다. 우리는 빈 공간의 불연속점을 연속성 있게 만드는 방법을 늘 연구해야 합니다.

창조성이 신의 영역이듯, 점과 점 사이 빈 공간도 신의 영역입니다. 신의 영역은 우리의 영감(Inspiration) 속에 존재합니다. 그런 영감은 어디에서 올까요? 순간적인 느낌, 그렇게 될 것 같다는 순간의 지속 개념입니다. 순간의 직관입니다. 블링크(Blink)입니다. 이는 계획을 세우고 목적물에 관한 지식이 저변에 깔려 있지 않으면 알 수 없습니다. 지식이 이미 생각 속에 들어 있지 않으면, 발휘되지 않는 것이 영감입니다. 불연속의 연속성을 발견하는 것은 완전히 별개로 보이는 여러 현상의 연관성을 찾는 힘이고, 이는 영감 속에서 나타납니다.

공상 속의 영감과 상상 속의 영감은 다릅니다. 상상은 이미 인간의 내부에 잠재된 무의식의 힘 속에서 나옵니다. 모든 것에 대한 지식의 원천 속에서 상상은 영감으로 전환되고, 이것이 아이디어를 낳는 씨앗이 됩니다. 영감은 전혀 다른 사물과 사물 간의 관계, 인간과 사물 간의 관계, 인간과 인간과의 관계 속에서 동일함을 발견하는 것입니다.

예를 들어 우리는 자신의 창조성을 유감없이 발휘했던

역사적인 인물들을 통해 자기 발전을 이루어낼 수 있습니다. 우리는 인간의 두뇌가 무한한 잠재력을 갖고 있다는 사실을 인식하고 변화를 추구하면서 자신의 잠재 능력을 발휘하기 위해 최선을 다해야 합니다. 그러면 그들과의 관계가 이루어집니다.

인간의 두뇌는 구조적으로 방대한 기억력, 학습 능력, 창의력을 발휘할 수 있습니다. 특히 연결성이 없는 두 가지 이상의 사실을 상호 연관 짓는 방법은 창의력 계발에 중요한 역할을 하고 있습니다. 이는 상호 작용 능력이고, 연관 짓는 능력이 '차이'를 만듭니다.

서로 다른 것을 연관 지을 때 가장 쉬운 방법은 역사 속 인물을 벤치마킹하는 것입니다. 우리가 창조적인 인물이 되기 위한 훈련의 첫걸음은 자신과 이미 존재했던 창조적인 인물들을 연관 지어 생각하는 것입니다.

삶에서 어려움이 닥칠 때마다, 좌절의 순간마다 자신이 그려놓은 창조적 모델들을 꺼내보세요. 당신 자신과 그들의 마음 사이에 존재하는 차이는 그리 크지 않습니다. 그들은 특별한 사람이 아닙니다. 당신이 생각하는 것보다 훨씬 작고 그 간격 또한 짧습니다. 나하고 관련성이 없는 사람이라 할지라도, 상호 연관을 지을 수 있습니다. 불연속이 없습니다. 모든 게 마음과 마음으로 서로 연결되어 있기 때문입니다.

창의성은 서로 다른 것을 연결하는 촉매 역할을 하면서, 이 둘의 연관성이 창의력을 발산하게 합니다. 이는 모든 일에 대한 규칙적인 생각 속에서 흐름의 법칙을 발견하는 것입니다. 흘러감의 법칙 속에서 그 흐름의 줄기를 잡아당겨야 합니다. 우리는 절박한 심정일 경우 언뜻 떠오르는 해결 방안이 생각날 때를 자주 경험했을 것입니다. 이 경험은 불연속의 연속성을 깨닫게 되는 순간의 체험에 거의 접근한 경우입니다.

한계에 다다르지 아니하고, 죽음의 직전까지 자신을 몰아치지 않는다면 인간이 갖고 있는 창조적인 역량은 드러나지 않습니다. 숨어 있는 창의성이 드러날 때는 고도의 집중력을 발휘할 때, 그리고 순간에 목숨을 거는 그

찰나의 번뜩임 속에서 발생합니다. 그때 도저히 연결되지 않는 불연속성이 연결되어 문제가 풀립니다. 목숨 건 도전 의식, 갈 데가 없는 배수의 진을 치는 마음가짐 등 흔들리는 자신을 굳건히 붙잡는 자기 내부의 중심(中心)이 없으면 도저히 일어날 수 없는 현상입니다.

불연속은 항상 출구가 없습니다. 사문(死門)에만 존재합니다. 사문을 생문(生門)으로 바꾸는 재주는 끊임없이 자기만의 출구를 찾아가는 정신이 있어야 가질 수 있습니다. 무언가 흐트러지는 의식의 끈을 놓치지 않는 '불굴의 정신력'이 있어야 불연속한 것들이 연속적으로 변환됩니다. 이것이 크리에이티비티입니다. 창조적 마음을 실현시키기 위해 순간순간 혼신의 힘을 다하고, 점과 점 사이의 빈 공간을 자신의 의지로 채워야 합니다. 그러면 이미 당신은 창조자(Creator)가 됩니다.

For
Originality

제6장

···

[성 취]

오리지널리티를 영원히 지속시키는 힘

24

내 삶의 최후의
승리자가 되는 법

．
　　．
　　．

　　마지막 죽음의 순간에 나의 생이 허무하지 않았음을 당신 스스로 인정할 수 있을까요? 만일 내가 언제 죽을지를 안다면 우리는 미리 죽음을 연습할 수 있겠지만, 이런 경우는 거의 없습니다. 늙고, 병이 들고, 죽는 과정이 반복이 된다는 사실을 깨달으면 우리는 생의 끝 지점에서 회한의 눈물을 흘리지 않고 평화롭게 죽겠지만, 실제로 삶에서 어떤 일이 발생할지는 아무도 모릅니다.

　　생명의 목적은 재생산, 즉 자신의 세포 속에 있는 DNA 조각들과, 순서가 유사하거나 동일한 DNA의 조각들을 다음 세대에 퍼뜨리는 것입니다. 그것이 생명을 지속 가능케 합니다. 생물은 단순한 운반체, 즉 자신들을 복제하기 위한 목적으로 유전자에 의해 창조된 로봇에

불과합니다. 따라서 생물 그 자체가 목적을 지니고 있다면, 이는 생존과 재생산을 끝없이 반복해서 가능한 한 많은 자손을 낳는 것입니다. 생명은 그 본성상 정적인 것이 아니라 동적인 것입니다. 우리 몸의 구성 요소들은 계속적인 흐름의 상태에서, 매분 매초마다 합성과 해체를 반복하고 있습니다. 정지(균형 상태)는 곧 죽음입니다. 우리 모두는 태어나고 성장하고 나이 들고 죽습니다.

작은 개울물이 냇물이 되고, 강이 되어 바다에 이르는 과정에는 많은 우여곡절이 있듯이 인간이 완성되기 위해서는 숱한 고비를 넘어야 합니다. 여기에 빼놓을 수 없는 사실은 '끊임없이 흘러야 한다는 것'입니다. 세상의 막힘과 함께 내 마음속 막힘의 찌꺼기를 부단히 쳐내야 합니다. 물이 흐르듯, 나도 흘러야 바다에 이릅니다. 바다에 이르는 것이 끝은 아닙니다. 거기에서 새로운 생명의 씨앗이 태어납니다. 바다는 어머니의 자궁과 같습니다.

우리 인간들 각자에게는 시간과 공간을 통한 고유한 궤적, 즉 생명선(Life line)이 존재합니다. 생물은 자신의 유전자들과 다차원적 환경에서 제공되는 원료를 이용하여 스스로를 구성합니다. 그래서 자신의 고유한 궤적을 창조합니다. 생명은 존재(Being)와 생성(Becoming) 모두에 대한 것입니다. 자기 조직화하는 복잡한 체계들은 다중의 조직화 차원에서 존재하고 생성되며 스스로에 의해 조절됩니다. 이런 점에서 모든 생물은 스스로 자신의 미래를 구성합니다. 스스로 미래를 구성하는 힘, 이것이 오리지널리티의 힘입니다.

죽은 자를 위한 슬픔은 죽은 자의 몫이 아닙니다. 죽은 자는 자신을 위해 울지 않습니다. 오직 산 자가 죽은 자를 위해 눈물을 흘립니다. 삶의 최후의 승리자는 죽어도 죽지 않습니다. 나만의 오리지널리티를 지속적으로 끌고 나가는 사람만이 최후의 승리자가 됩니다. 그러기 위해서는 기본적으로 현실에 안주하지 않고 더 넓은 세계로 가기 위한 노력이 부단히 필요합니다. 물 흐르듯 계속 흐르면서 나를 정화(淨化)시켜야 합니다. 깨달음에 도달했다고 하여 거기에 머무르면 안 됩니다. 깨달음 뒤에 존재하는 지속적인 깨달음이 무엇일까를 생각해야 합니다. 나무는 꽃을 버려야 열매를 맺고, 강물은 강을 버려야 바다에 이릅니다. 최후의 승리자가 되기 위해서는 기운차게 오리지널리티를 지키려는 정신이 필요합니다. 세상을 등지지 않고 세상 속에서 용맹정진(勇猛精進)해야 합니다. 오리지널리티를 지속시키려면 일상적인 삶, 즉 생활 속에서 끊임없는 노력을 추구해야 합니다.

세상 만물이 순환한다는 사실이 우리를 행복하게 합니다. 세상 모든 일은 순환의 주기를 가집니다. 한 사람이 태어나서 성장하고, 성숙하고 죽어서 다시 흙으로 돌아가는 생명 자체가 순환입니다. 사람은 항온(恒溫)동물입니다. 사람은 체온은 36.5도를 유지해야 생명이 유지됩니다. 북극, 남극, 열대 지방, 사막에서도 36.5도로 유지됩니다. 이렇듯 우리 몸의 항상성은 생명 유지의 근간입니다.

항온이 몸의 시스템이라면, 마음의 시스템은 '항심(恒心)'입니다. 마음을 일정하게 유지할 수 있어야 성과를 낼 수 있습니다. 한 분야에서 성공한 사람들에게는 마음의 온도를 유지한다는 공통점이 있습니다. 우리의 생이 지속적으로 유지되기 위해서는, 마음의 온도를 유지해야 합니다. 오리지널리티가 항상심(恒常心)을 가져야 하는 이유가 여기에 있습니다. 이를 지속적으로 유지시키는 방법을 알아보겠습니다.

나의 오리지널리티를 믿어라

인생은 마음먹기에 달렸습니다. 마음을 먹는 일이 쉽지는 않습니다. 그러나 마음먹기를 하면 세상이 달라져 보입니다. '나'에게 오리지널리티가 있음을 절대 부정하지 말아야 합니다. 부정의 메커니즘이 나에게 작동하지 않도록 해야 합니다. 자기 자신을 믿는 것은 어려운 일이지만, 생각의 전환이 이루어진다면 가능합니다. 내 믿음의 수호자는 나밖에 없다고 생각하면 그렇게 됩니다. 타인의 시선에 아랑곳하지 않는 자신의 모습을 그대로 드러내야 합니다. 다만 전제 조건은 '나'의 오리지널리티를 발현시키고 난 후의 일이라는 것입니다. 우직하게 고집해도 상관없습니다. 무엇이 두렵단 말인가요. 타인의 시선은 나를 경직시킵니다. 나를 돌로 만들어버립니다.

하늘의 뜻은 언제 어디서나 하나이고, 사람의 마음도 마찬가지로 한 가지입니다. 이런 까닭에 스스로를 살펴보아 자기의 마음을 알면, 이로써 다른 사람의 마음도 살필 수 있습니다. 다른 이의 마음과 내 마음을 교차하여 하늘의 뜻에 잘 맞출 수 있다면, 이로써 우리는 세상 어느 곳에서도 잘 쓰일 수가 있습니다. 창조주는 이 우주를 지배하는 에너지, 우주가 가진 본래의 힘 그 자체로 생각한다고 합니다. 인간도 창조되면서 이 신성한 힘을 가지고 태어났는데, 창조주가 인간 자체를 신성한 존재로 여겼기 때문입니다. 그래서 당신의 본성인 오리지널리티를 믿을 수 있습니다.

당신이 이 세상에서 정말로 해야 할 일이 바로 당신의 오리지널리티이기에, 그것을 지속시키기 위해서는 당신 자신을 믿어야 합니다. 세상의 모든 것은 나로부터 시작됩니다. 내 마음의 유연성을 지속시키기 위해 내가 나를 믿어야 합니다. 오직 자기 자신의 오리지널리티를 순수하게 믿는 것만이 최후의 승리자가 될 수 있는 방법입니다. 이는 하늘의 도리입니다. 천명(天命)입니다.

뚜렷한 목적의식을 가져라

최후의 승리자가 되려면 내 인생의 목적이 어디에 있는가를 분명히 해야 합니다. 목적의식은 나를 움직이는 내적 동기(Motivation)입니다. 너무나 많은 사람이 불안해하고, 서두르고, 경쟁심을 불태우고, 남을 질시함으로써 인생이 마치 비상사태에 걸린 양 헉헉대며 살아갑니다. 이는 '인생의 목표 실현이 불가능하다'라는 전제 조건 안에서 일어나는 현상입니다. 두려움을 극복하는 데 투여

하는 에너지를 우리의 삶에서 내적 동기를 부여하는 데에 투자해야 합니다. 조급하게 살 필요가 없습니다. 삶의 목표가 뚜렷하면, 내 인생은 천천히 그 쪽으로 흘러갑니다. 전문가, 좋은 부모, 최고 경영자, 유명인, 과학자, 예술가는 모두 자신의 일을 통해 자기만의 오리지널리티를 발휘하는 사람들입니다. 그들은 자신의 삶의 목표에 집중하고, 그것이 성취되면 다른 사람들에게 그 의미를 전달하려고 합니다.

마음은 마음에 비치는 경험만을 진정으로 설득시키려는 본성을 갖고 있습니다. 그래서 각 개인은 저마다 자신의 세상 경험만이 정확한 것이라고 느낍니다. 인생이란 배움의 터전입니다. 삶은 진정한 스승이 될 수 있습니다. 삶의 고통스런 교훈, 과거의 기억 등을 겸허하게 받아들여 자기 성장의 디딤돌로 삼으면 삶은 헛되지 않게 됩니다. 당신은 당신의 삶의 세계를 벗어날 수 없습니다. 명석한 생각이나 깊은 느낌조차 당신의 오감이 경험한 것일 뿐입니다. 당신이 높은 의식 수준으로 올라감에 따라 존재 자체의 기쁨도 성숙합니다.

내가 어떻게 반응하는가에 따라 세상은 달라집니다. '내가 세상을 창조한다'는 뚜렷한 목적을 지니고, 그곳을 향해 달려가면 됩니다. 나 자신의 꿈과 목표를 향해 일점 지향적으로 나가야 합니다. 나만의 보물지도가 '나'의 오리지널리티이기에 그렇습니다. 나의 오리지널리티가 나를 최후의 승리자로 인도하는 꿈의 게시판입니다. 목적을 마음속에 매일매일 새겨 그것이 나의 몸 전체에 각인되어야 합니다. 그러면 나의 몸이 마음과 일체화됩니다.

삶의 목적을 잊지 마세요. 뚜렷한 목적을 세우세요. 악마가 나를 유혹한다 할지라도 나의 목적을 분명히 가지면 최후의 승리자가 됩니다. 누구든지 그렇게 됩니다.

긍정적인 열정을 가져라

내 몸과 마음이 진토되어 다시 흙으로 돌아간다 할지라도, 나를 불태워야 합니다. 삶이란 그 무엇인가에 정성을 쏟는 일입니다. 긍정적인 열정(Positive passion)은 최초의 순수한 에너지를 끊임없이 제공합니다. 긍정적인 열정은 긍정적인 사고로부터 나옵니다. 그리고 긍정적인 열정은 실천력이 뒷받침되어야 합니다.

일에는 즐거움과 함께 어려움이 따릅니다. 그 어려움의 고비와 골짜기마다 인생의 값진 교훈이 묻어 있습니다. 무슨 일을 하자면 큰 틀이 필요합니다. 너무나 많은 사람이 자기가 자라온 방식이나 과거의 고통스런 사건으로 생긴 작은 분노에 집착합니다. 그러면 안 됩니다. 먼저 화를 풀고 상대방에게 화해의 손길을 뻗쳐보세요. 여기서 중요한 것은 나 자신이 '성숙'해야 합니다.

미친다는 뜻은 한자로 '미칠 광(狂)', '미칠 급(及)'입니다. 어느 시점이나 경지에 도달(及)하기 위해서는 미쳐야(狂)합니다. 자기가 하는 일과 자기의 마음이 일심동체(一心同體)를 이루어야 합니다.

하루하루 최선을 다해 살아온 사람만이 알 수 있습니다. 나에 대한 도전 의식, 나와 다른 사람에 대한 동정심

(Compassion)은 진심에서 우러나오는 감정입니다. 동정심은 '함께(Com) 열정(Passion)을 가지는 것'입니다. 다른 사람과 함께 열정을 키우는 마음이 동정심입니다. 이것이 긍정적인 열정의 본심입니다.

사랑과 친절을 함께 실천하세요. 긍정적인 열정은 먼저 남을 기쁘게 하는 마음에서부터 시작됩니다. 긍정적인 열정은 현상으로 드러나는 것이 아니라, 내부에서 일어나는 보이지 않는 것입니다. 이는 세상을 밝게 만드는 원동력입니다.

자기 몸을 태워서 세상의 빛이 되는 존재가 되어야 합니다. '나'의 오리지널리티를 열정의 에너지로 충만시켜야 합니다. 내 스스로를 발화시켜 원초적 에너지를 만들어야 합니다. 그것만이 지속적으로 나의 오리지널리티를 금강석으로 만들어줍니다. 변하지 않는 진정한 나의 재능을 다이아몬드로 만드는 비밀은 '긍정적인 열정'에 있습니다.

25

욕망을 비우고
지금 이 순간에 몰입하라

일점지향으로 집중

혁신적이고 창의적인 아이디어는 오랜 시간 동안 집중적이고 고된 훈련을 통해 그 분야의 지식과 기능을 풍부하게 익혔기 때문에 발현됩니다. 경쟁이 치열할수록 당신의 소망이 강력해질수록 우리는 주변의 질투를 강하게 느낍니다. 그래서 차라리 포기해버리자는 마음도 지속적으로 일어납니다. 각고의 노력 끝에 정상에 서면 질투의 대상이 되어 그 압력을 견디지 못합니다. 쏘아대는 시선으로 인해, 힘들게 도달한 기회를 스스로 잃어버리기도 합니다. 하지만 내 마음 가는 곳에 '보물'이 있습니다. 아주 작은 기쁨이 우리의 일상생활 속에 숨어 있습니다. 사람은 저마다 자기 삶에 여유를 주고, 기쁨을 주어야 합니다. 내 마음속에서 나를 흔들고 있는 욕망이 무엇일까요? 사람들은 평범함 속에 진주알 같은 귀함이 숨어 있다는 사실을 모릅니다. 가끔 길을 걷다가 바람결에 흔들리는 여린 풀잎을 보면 삶의 생동감이 리듬을 타고 흐름을 스칩니다. 삶에서 만나는 작은 기쁨은 힘들고 어려운 일상을 극복하는 원동력입니다.

사람들은 마치 인생이 미래에 있을 '패션쇼의 리허설'인 것처럼 살고 있습니다. 사실 내일 이 순간에 여기 존재 할 수 있다고 보장받은 사람은 아무도 없습니다. 우리에게 내일은 없습니다. 그래서 늘 지금이 내일임을 알고 최선을 다해야 합니다. 지금 이 순간이 우리가 가진 유일한 시간입니다. 자신을 통제할 수 있는 시간입니다. 그래서 혼신을 다해서 몰입해야 합니다. 정신일도하사불성(精神一到何事不成), 정신을 한 곳으로 모으면 무슨 일이든지 이루어낼 수 있습니다.

나만의 오리지널리티를 지속적으로 성장시키기 위해 모든 생각을 대상에 몰입시켜 다른 생각이 나지 않도록 해야 합니다. 실질적인 가치로 '나'를 바꾸기 위해서는 하나에 집중해야 합니다. 하나는 하나가 아닙니다. 혼(魂)입니다. 혼 전체와 하나를 통합합니다. 혼은 '한(恨)'이기도 합니다. 한은 마음의 뿌리(心根)입니다. 마음의 뿌리를 찾아내려면 집중해야 합니다. 그 마음의 뿌리 속에 오리지널리티를 살리는 생명수가 있습니다. 그 생명의 물을 마시려면 한 곳에 집중해야 합니다.

변화는 바람입니다. 변화가 변화답게 느껴지지 않는 공간 속으로 나를 밀어 넣을 때, '나'의 오리지널리티는 살아나고 나는 절대자가 됩니다. 최후의 승리자는 오직 한 사람입니다. 그 한 사람이 되기 위한 혹독한 수련이 '일점지향적인 집중'입니다.

끊임없이 배워라

나의 오리지널리티를 지속시키기 위해 끊임없이 배워야 합니다. 단, 나 자신의 경험을 통해서 배워야 합니다.

경험을 통해 배우는 것은 지식이 아니라 '지혜'입니다. 지혜는 지식이 삶과 융합될 때 일어납니다. 누구를 통해서 배우든, 자신이 자기 속에서 깨달음을 얻었든 간에, 배움에서 가장 어려운 것은 '배워야 한다는 사실'을 배우는 일입니다. 그리고 이게 끝이 아닙니다. 배움 속에서 당신은 배려와 나눔의 정신을 깨우쳐야 합니다.

배우면 배울수록 모르는 것이 배움입니다. 지(知)와 무지(無知)의 경계선이 투명해질 때까지 배워야 합니다. 어린아이를 통해, 앞서간 선생이나 선배를 통해, 그리고 무식하다고 생각하는 사람을 통해서도 배울 수 있습니다. 공자의 말이 아니더라도 우리는 배워야 합니다.

'학이시습지 불역열호(學而時習之 不亦說乎, 배우고 익히면 또한 즐겁지 아니한가)'라는 말처럼 공자의 삶은 배움의 연속이었습니다. 배운다는 일은 새로운 것을 터득하여 새롭게 깨달아가는 학습 과정이자 깨달음의 기쁨입니다. 올바르게 배우기 위해서는 자만을 없애야 합니다. 나 자신의 에고(Ego)를 버려야 합니다. 하찮은 미물이라 할지라도 생의 배움은 끝이 없습니다.

자기 스스로의 경험을 통한 배움은 나를 거듭나게 만듭니다. 거듭남이 나의 오리지널리티를 지속적으로 이끌어줍니다. 뱀은 자랄수록 허물을 벗고, 나무도 가을에 낙엽을 떨어뜨리고 해마다 봄이 되면 새잎이 나며 껍질도 벗습니다. 누에도 다섯 번 잠을 자고 다섯 번 허물을 벗은 다음 고치를 짓습니다. 세상의 모든 자연과 생명은 탈피·탈각이 없이는 성장할 수 없습니다. 탈피와 탈각을 못하면 죽습니다. 인간도 성장을 위한 탈바꿈을 거듭해야 합니다. 그래야만 나의 생명, 나의 오리지널리티를 유지할 수 있습니다.

끊임없는 배움은 끊임없는 질문에서 탄생합니다. 순간순간 살아감에 있어서 발생하는 호기심, 주위에 대한 관심이 배움을 낳습니다. 나 자신에 대한 질문은 신경계를 자극해서 두뇌 세포를 활동하게 합니다. 스스로 질문하면 세상에 대한 지식을 쌓을 수 있고, 살면서 부딪치는 문제들의 새로운 해결 방향으로 나의 생각을 이끌고, 정확한 정보를 얻고 그래서 나와의 커뮤니케이션 장벽이 사라지고, 사람의 마음을 열게 만듭니다. 직접적인 경험을 통해 자신을 설득함으로써 스스로 발견하고, 깨닫고, 경험한 것을 기억하고, 행동을 바꿉니다.

천재(天才)와 범인(凡人)은 모두 문제 해결 방식에 있어 동일한 과정을 밟습니다. 그렇다면 천재와 범인의 차이는 무엇인지 아시나요. '지적 능력' 차이이고, 그것은 질보다는 양의 문제입니다. 천재들은 보통 사람이 갖고 있는 것을 더 많이 갖고 있을 뿐입니다. 열심히 배워야 합니다. 끊임없이 배우는 것만이 나를 지속시킵니다. 단순한 배움의 진리 속에 진정으로 살아가는 나의 삶이 존재하고, 그것이 나를 행복하게 합니다.

마음을 비워라

부처 공부는 '마음 공부'입니다. 마음을 닦는 공부입니다. 자기 본래의 마음을 찾는 것, 마음을 깨끗이 닦는 것, 항상 즐거움과 큰 편안함을 가짐으로써 행복해지는 것이 공부의 목적입니다. 마음을 비우면 욕심은 사라집니다. 마음을 다스리는 공부가 마음을 비우는 공부입니다.

참선수행, 선문답, 염불, 삼천 배는 마음을 비우는 실천적 공부 방법입니다. 하지만 마음을 비우면 마음은 이미 가득 차게 됩니다. 명상을 시작하면 마음속에 많은 생각이 일어납니다. 하지만 그 마음을 놓아버리면 생각이 사라집니다. '공(空)'입니다. 공이 나를 살립니다. 나의 오리지널리티를 살립니다.

'마음을 공(空)하게 하라.' 여기서 공은 무엇일까요? 공은 비워짐이 아닙니다. '채워짐'입니다. 다만 우리가 모를 뿐입니다. 공(空)이란 구멍(穴) 속으로 공(工)을 밀어 넣는 작업입니다. 공(工)이란 공부(工夫)입니다. 무엇을 위한 공부인가요. 공(工)은 영어로 보면 대문자의 'I', 즉 나입니다. 공(工)은 하늘과 땅과 인간 전체를 가르킵니다. 즉, 천지인(天地人)에 대한 공부가 나를 통해서 이루어짐을 말합니다. 하늘의 기운(궁극적인 삶의 목표)과 땅의 목소리(경험을 통한 자각)를 인간인 나를 통해 하나로 이루어내는 것이 공부입니다.

그러기에 마음을 비우는 것은 나를 통해 천지인에 대한 공부를 구멍 속으로 밀어 넣는 작업입니다. 이 구멍은 우주의 구멍인 블랙홀입니다. 블랙홀 속으로 내가 공부한 하늘, 땅, 인간에 대한 본질을 밀어 넣으면, 우주 전체를 집어삼키는 에너지가 발생되고, 그 에너지가 '나'의 오리지널리티를 지속시켜줍니다. 우주의 구멍을 통과한 자만이 진정한 자신만의 삶을 살아가고 자아실현을 도모할 수 있습니다.

이 우주의 존재 방식은 서로 그물망처럼 짜여 있는 상호 관계 속에서 생기고 동시에 사라집니다. 존재하면서 동시에 없어집니다. 우주의 존재 방식은 오는 새것이 가는 헌것과 얽히고설켜 공존하기에, 오는 것도 가는 것도 아닙니다. 그것은 얽매이거나 집착하지 않습니다. 이것이 공(空)입니다. 가을 하늘에 떠 있는 뭉게구름은 하늘의 허공을 바탕으로 나타나지만 구름에 눈이 가면 허공은 뒤로 숨고, 허공에 마음이 가면 구름은 뒤로 물러앉습니다. 무유(無有)가 서로 존재하면서 하나로 나타나지 않는 것이 공(空)입니다.

마음을 비우는 일은 죽음에 대한 인식을 가지면 가능합니다. 죽음은 인간에게 무(無)를 삶의 세계에 드러내는 표상이 됩니다. 무와 유를 동시에 갖고 있는 공(空)은 욕망의 병을 씻어줍니다. 욕망은 성공의 길이 아닙니다. 마음을 비운 사람은 욕망이 공(空)하다는 것을 압니다

욕망이 공(空)하는 것을 아는 사람이 인생의 최후 승리자로 가는 지속적인 오리지널리티를 유지합니다. 공(空)에서 무욕의 힘이 솟습니다. 무의 욕망만이 나의 오리지널리티를 이롭게 합니다. 이것이 마음을 비우는 행동입니다. 이를 통해 나만의 오리지널리티를 영원히 지속시킬 수 있습니다.

오리지널리티는
자아실현을 이루는 원동력이다!

자아실현은 자기가 생각하고 있는 궁극적인 인생 목표를 달성하는 일입니다. 인간이 각자 개인적인 자아실현에 도달하면, 세상에 대한 눈뜸이 일어납니다. 우리가 살고 있는 이 세상을 다시 돌아봄으로써 세상에 대한 나눔과 배려의 정신이 진정으로 솟아나기 시작합니다. 그것은 타인의 세계에 심리적 상처를 주지 않기에, 세상 자체를 맑아지게 합니다. 세상살이에 있어 편안함을 느낄 수 있습니다. 내가 진정으로 하고 싶은 일을 함으로써 하루하루가 행복해집니다. 지금 여기, 현재의 순간에 충실하여 살게 됩니다. 진실되게 살고, 서로 간의 공존이 일상화됩니다.

인간의 잠재의식 속에는 인류가 탄생한 시점부터 존재해온 온갖 생각들의 집합 장소가 있습니다. 그것이 우리가 말하는 'DNA'입니다. 시작점(Starting point)에서부터 인류가 생명을 유지하기 위한 다양한 체험이 환경 변화에 적응하면서, 진화된 가장 좋은 유전인자를 그 속에 담아두었습니다. 생명의 비밀스런 존재 방식이 우리의 DNA 속에 간직되고 있기 때문에 우리의 잠재의식과 무의식 속에서 무한히 내재된 능력을 발휘할 수 있습니다. 그것은 우리가 '생각함'으로써 드러나는데, 당신의 두뇌는 이미 위대한 생명의 씨앗을 갖고 있습니다.

씨앗이 자라 꽃(Flower)이 됩니다. 꽃은 자기만의 오리지널리티에 몰입하는 자(Flow-er)에게만 그 모습을 드러냅니다. 두뇌는 창조적인 결과물의 저장고입니다. 보이지 않는 내면의 힘을 가지면 나만의 오리지널리티를 획득할 수 있습니다. 나만의 오리지널리티가 존재하지 않으면 생존(Life being) 자체가 불가능해집니다. 지속 가능한 성장 체계를 잃어버립니다. 그래서 우리는 각자 '나만의 오리지널리티'를 찾아야 합니다.

인간 각자의 태어난 이유, 존재의 이유, 존재 가치를 알려줄 오리지널리티의 비밀을 우리 스스로 찾아야 합니다. 나의 오리지널리티를 찾는 것만이 나를 살리고 세상을 회복시킬 수 있습니다. 그러면 세상은 행복해집니다. 사람과 사람 간의 관계, 사람과 자연 간의 관계가 있는 그대로 형성됨으로써 자기의 욕심이 사라지고, 타인에 대한 욕구가 사라지고, 자연 나아가 우주에 대한 궁극적 원함이 사라지면서 그 모두를 사랑하게 됩니다. 그 모두와 통하게 됩니다.

인간의 일생, 나의 일생은 이미 자신의 오리지널리티

와 관계가 있습니다. 그것이 '나의 DNA'입니다. 이미 DNA에 나의 일생, 인간의 일생이 운명적으로 결정되어 있습니다. 억만 년 동안 우성인자에 의해서 진화된 코드가 DNA이기에, DNA는 우리의 몸 전체에 숨어 있습니다. 그것은 마음의 중심(中心), 심연 속에 숨겨진 비밀스런 코드로 존재합니다. 그래서 마음먹기를 해야 합니다. 그러면 마음이 나와 세상을 움직이는 힘의 에너지를 제공하고, 그 마음이 우주와 통하는 창구가 됩니다. 마음먹기가 우주의 무한한 힘과 연결되게 해주는 매개(Link) 역할을 합니다.

그래서 오리지널리티는 인간의 궁극적인 목적인 자아실현을 이루게 만드는 원동력이 됩니다. 인간은 결코 죽지 않습니다. 다만 현재의 시공간 속에 존재하는 '나'의 실체가 사라질 뿐입니다. 나만의 오리지널리티로 세상을 산 사람은 자신의 오리지널리티가 다시 이미지의 씨앗이되어 홀씨처럼 자자손손 대대로 전해지고 영구불멸의 존재가 될 것입니다.

이제 우리는 인생의 최후 승리자(우주 끝에서 살아남는 존재)가 되기 위해 나만의 오리지널리티를 스스로 찾아 나서야 합니다.

나만의 유일한 삶의 가치를 발견하는 시간

오리지널리티를 찾아서

초판 1쇄 발행 2016년 1월 22일
초판 2쇄 발행 2016년 2월 10일

지은이 김훈철 · 김선식
펴낸이 김선식

경영총괄 김은영
사업총괄 최창규
기획 · 편집 임보윤 **디자인** 이소연 **책임마케터** 이상혁
콘텐츠개발6팀장 박현미 **콘텐츠개발6팀** 임보윤
마케팅본부 이주화, 정명찬, 이상혁, 최혜령, 양정길, 박진아, 김선욱, 이소연, 이승민
경영관리팀 송현주, 권송이, 윤이경, 임해랑

펴낸곳 다산북스 **출판등록** 2005년 12월 23일 제313-2005-00277호
주소 경기도 파주시 회동길 37-14 2, 3, 4층
전화 02-702-1724(기획편집) 02-6217-1726(마케팅) 02-704-1724(경영관리)
팩스 02-703-2219 **이메일** dasanbooks@dasanbooks.com
홈페이지 www.dasanbooks.com **블로그** blog.naver.com/dasan_books
종이 한솔피엔에스 **출력 · 제본** 갑우문화사 **후가공** 이지앤비 특허 제10-1081185호

© 2016, 김훈철 · 김선식

ISBN 979-11-306-0717-7 (03320)

다산북스(DASANBOOKS)는 독자 여러분의 책에 관한 아이디어와 원고 투고를 기쁜 마음으로 기다리고 있습니다.
책 출간을 원하는 아이디어가 있으신 분은 이메일 dasanbooks@dasanbooks.com 또는 다산북스 홈페이지 '투고원
고'란으로 간단한 개요와 취지, 연락처 등을 보내주세요. 머뭇거리지 말고 문을 두드리세요.